欲成就经典，必先自成一格。

Gustave Flaubert à 20 ans

20 岁的福楼拜

老　男　孩

［法］路易－保罗·阿斯特罗　著　　李奇　译

清華大學出版社
北京

北京市版权局著作权合同登记号　图字01-2017-5749 号
Gustave Flaubert à 20 ans :Un vieux garçon by Louis-Paul Astraud

EISBN: 978-2846262262

图书在版编目（CIP）数据

20岁的福楼拜：老男孩 /（法）路易-保罗·阿斯特罗著；李奇译. — 北京：清华大学出版社，2020.1
（他们的20岁）
ISBN 978-7-302-53183-8

Ⅰ. ①2… Ⅱ. ①路… ②李… Ⅲ. ①福楼拜(Flaubert, Gustave 1821-1880)—生平事迹 Ⅳ. ①K835.655.6

中国版本图书馆CIP数据核字(2019)第110807号

责任编辑：纪海虹
封面设计：嘉荷x1　夏玮玮
责任校对：王荣静
责任印制：刘海龙

出版发行：清华大学出版社
网　　址：http://www.tup.com.cn，http://www.wqbook.com
地　　址：北京清华大学学研大厦A座　　**邮　　编：**100084
社 总 机：010-62770175　　**邮　　购：**010-62786544
投稿与读者服务：010-62776969, c-service@tup.tsinghua.edu.cn
质量反馈：010-62772015，zhiliang@tup.tsinghua.edu.cn
印 装 者：北京嘉实印刷有限公司
经　　销：全国新华书店
开　　本：125mm×180mm　　**印　　张：**5.25　　**字　　数：**65千字
版　　次：2020年1月第1版　　**印　　次：**2020年1月第1次印刷
定　　价：39.00元

产品编号：073088-01

我感到厌倦，我令人厌倦，

我很心烦，令人心烦。

来抽口好烟吧！

——居斯塔夫·福楼拜

1842年1月22日

（他庆祝完自己20岁生日后的1个月）

“亲爱的同人，我没有任何画像。各人有各人的迷恋，而我的迷恋就是拒绝接受关于我的所有画像。”在寄给巴黎生活专栏编辑的书信里，福楼拜撒了谎，当然只是个小小的谎言。他的画像非常罕见，其中大多完成于他极负盛名的时候，那时的他，已到迟暮，人们已然无法想象他曾拥有过年轻欢畅的时辰。他是《包法利夫人》和《情感教育》的作者，被奉为文学史上里程碑式的人物。然而，他长期像隐士那样生活，近 40 年幽居在克鲁瓦塞的老房子里，距离鲁昂市中心还有好几公里。福楼拜出生在鲁昂，在此度过了他的童年时代。这座城市也铭记着他父亲的名字，作为著名的外科医师，老人几乎将整个职业生涯都倾注在这里。在别致的郊外祖宅中，大文豪对一切都心满意足。这里有母亲和侄女，有书籍和写作。除了几次巴黎闲游、几次短暂的欧洲之旅、东方与马格里布两次著名的探访游历，他在23岁之后几乎没有离开过这处居所。因此，人们对于他的形象只保留着想象中的记忆：一个令人肃然起敬又离群索居的人，平日里深居简出，不良的生活节奏让他未老先衰。他的相貌并不讨人喜爱：秃发，大片头皮露了出来，额头显得无比宽广；半长的头发也不太梳理，耷拉在两边；脸色发红，像泡在白兰地里的樱桃；眼睛极大，上面盖着疲劳下垂的眼皮；浮肿的脸颊连着肥厚的双下巴。如此形象，不由让人们想象作家的少年时代，也许他曾是一个害羞、孤独的小男孩，皮肤肥腻、长满痘痘；平日里谨慎少言，躲在教室的深处，没人会多看他一眼。其实，我们想错了，完全错了。

居斯塔夫·福楼拜生于1821年12月12日。

19 世纪 40 年代初，那时的他英俊潇洒，夺人眼目，让女人都为之倾倒疯狂。当他还是个乳臭未干的孩子时，出众的相貌已然吸引了身边人的目光。十几岁那年，恰逢查理十世的儿媳——贝利女公爵路过鲁昂渡口。透过敞篷马车的窗帘，她一眼盯住了人群中那个可人的男孩儿，便吩咐仆从停车。女公爵随后亲自走下车来，只为拥抱一下那位美丽的天使。青少年时期，福楼拜越发风度翩翩。只要他愿意，他就知道如何表现出强健的体魄、幽默的才智、奔放的激情、冒险的精神、不倦的体能、傲慢的仪态、激昂的斗志……如此的性格秉性、如此格格不入的气质，很难与一位将一生都献于写作事业的著名作家联系起来。他幽闭在外省的一座书斋里，奋笔疾书，只有朗诵自己所写的文字来确认其准确性时，宁静才会被打破。

众所周知，他的母亲有着吉卜赛女性的美貌：素白的脸庞，乌黑的双眸，棕色的头发闪着光泽。对一位出生于诺曼底的女子而言，这类相貌可谓卓尔不群。她似乎继承了一个来自“纳齐兹”部落的印第安女子的血统，这个女人是被其中一位探险美洲的祖先带回来的。福楼拜经常讲述这段家族传奇，并乐于告知别人自己家族与圣·马洛的迪尼甘家族的表亲关系。然而，他没有遗传印第安的祖母，至少在相貌上，没有一丝一毫的异域特征。他是个金发高个儿，尽管腰肢均匀，但肩膀宽厚结实。一双大眼睛，颜色深绿，近似蓝色，就像冬季的海水。他的身高达到了 1.81 米，与同时代的多数男人相比，就像高出一头的巨人。

他有一种自己意识不到的魅力，这种魅力因无一丁点儿的矫揉造作而更加瞩目。那些纨绔子弟太注重自己服饰的风格，会把小首饰挂得全身都是，他们愿意修饰外貌，引领时尚潮流，强迫自己去追求那些新发现的事物，并诋毁别人的品位。而福楼拜与这些人正好相反。19 岁那年夏天，他去了一次法国南部，旅行之后的两年里又在勤奋苦读，备战各类考试，在此期间，他为了省事，下颚留着胡子。整个余生中，他很满足这一形象，总是悠然地蓄着长长的胡须。翻阅他庞杂的书信集，极少读到他在抱怨自己那脱发的额头和过早出现的皱纹。显然，穿着打扮方面的琐事几乎提不起他的兴致。仅有的一次例外，是发生在他 20 岁游学巴黎的时候。他曾告知父母，很遗憾自己没有一套新礼服，但这点小小的惋惜并不是出于渴望被崇拜的虚荣，只是为了出入各类沙龙时，更加有尊严地出现在主人和宾朋面前。平日里，他喜欢穿一件红色的羊毛针织衫，下身一条蓝色长裤，用一条围巾来代替腰带。外出散步途中，时而光着头顶，时而戴一顶大软帽。身为鲁昂最知名医师的儿子，一身奇异的服装显得与社会身份不太相符。然而，他并不在意这些。

居斯塔夫生来就特立独行。他的家族，尤其他父亲只是听之任之，不加以干涉。不过，他成不了一个彻底的反叛者，因为性格过于谨慎，也不会极端反抗旧有的一切，因为审美情趣趋向于讽刺嘲弄。“叛逆者”只能算他年轻时的写照。他不曾拥有叛逆青年那种自相矛盾和夸大的傲慢态度。恰恰相反，他醉心于无危险的诙谐，勇于自我嘲弄，保持着高度的警醒。他不会放任自己深陷在一些伟大的思想中，而丧失自己对人对事的独特洞察力。然而，反叛精神在他身上也是有的，对所有的话题他都有一股巨大的怒气会随意宣泄出来——说话喋喋不休，行为举止既蛮横又无礼，处处流露出不服别人管束的偏好，做起事来也异常固执，甚至将独断专行视如一种生命的内在需要。正因如此，这位好学生在中学毕业会考前的几个月被开除学籍，即便出身于显赫的家庭，他也只得离开就读了将近 10 年的学校。

因自幼受到母亲的言传身教，以及父亲的偶尔点拨，9 岁的小居斯塔夫于 1831 年秋天进入鲁昂皇家初中就读。第二年年初，转为寄宿生。他整个青年时期的尽头，是一段他极其厌恶的时期。“拿破仑时代”早在 15 年前便已终结，这所中学施行的教育政策几乎没有任何改变，依旧非常严苛，近似一种军事化的管理模式。学生必须在大型的阶梯教室里听课，课本和纸张铺在大腿膝盖上，用鹅毛笔在上面写字。冬天，教室里的供暖并不充分，有时墨水会冻结在墨瓶里。寄宿生的生活更加艰苦。每天清晨 5 点，鼓声把孩子们拉出梦乡。起床后的 30 分钟内，他们必须走到楼下，到庭院里的水槽边，草草地洗漱一番，再上楼铺床叠被，随后静静地站立在一旁，等待着教务主任来一一点卯。整个校园治学精神的发展，远远被时代甩在了后面。

新一轮革命敲响了隆隆的战鼓，复辟帝国处在风雨飘摇中。路易十六的幼弟被赶下了王位，旧体制最终湮灭在了历史大潮中。在路易－菲利普统治初期，各种新理念在四处弥散着：崇尚个体，一股自由之风吹遍了生活各种领域，正如它渗透到了艺术之中那样。浪漫主义的激情强烈排斥着古典艺术的拥护者，欲将传统的刻板和陈腐扫除得干干净净。法兰西民族对这类思想新风有着盲目地崇拜。夏多布里昂正处于文学声望的巅峰，不久将被任命为部长，拜伦已被树立为偶像，拉马丁刚进入法兰西学院，随着《欧娜尼》在1830年上演，《巴黎圣母院》又在次年出版，维克多·雨果开始声名鹊起。缪塞倾向于“先锋派”，正向乔治·桑抒发着无限的柔情蜜意。这股浪潮波及到了鲁昂中学里的年轻人，居斯塔夫体内的激情也被点燃，漫溢开来，他满怀热情地亲近大自然、爱欲激情，以及所有澎湃的情感体验。学校里“斯巴达克式”的氛围与这种独立精神显然格格不入。大约40年后，当福楼拜为挚友路易·布耶的《最后歌谣》写序言时，又回忆起许多校园场景，他把这所中学描绘成了一个温和梦想家和疯子的聚集地：“我们不只是行吟诗人、反抗者和东方神秘主义者，我们首先是艺术家；完成了罚抄的作业后，便是文学开始之时，我们躲在宿舍里疯狂地阅读小说，直至精疲力竭；我们的口袋里藏着匕首…… 更有甚者：出于对生存的厌恶，巴尔某君用手枪自行了结了，安德某君用领带给自己上了绞刑。诚然，我们不应当得到多少赞美。但平淡庸俗真是令人憎恨！炽热的激情渴望奔向伟大的彼岸！对大师名家怀有深深的崇敬！正像我们如此景仰维克多·雨果！”

学生时代的福楼拜不仅是一个浪漫主义者，靠着文学与爱情梦想伴以度日，他还是个调皮捣蛋的青少年，在玩耍胡闹方面非常在行，尽管学生生活有些狼狈，作为新生经常被人戏弄。他与几个同学搭档，创造出了一个表现集体形象的人物——“男孩儿”，他本人便是男孩的大脑。在福楼拜的一生中，每当回忆起这个“男孩儿”就像回忆起老友一样的愉悦。这“男孩儿”几乎被赋予了真实的生命，正如福楼拜本人就擅长各类模仿，尤其是模仿别人的口音，此类异禀天赋也被移植到了这个虚拟人物身上。就像设计出来的自动玩偶，作家为“这伙计”创造出了一些鬼脸怪相、几个剧烈而不连贯的手势、各种表情、一种雷鸣般的笑声，还有遇到不同状况时，人物会采取的相应回答。龚古尔兄弟在 1860 年 4 月 10 日的日记中曾写道：“居斯塔夫与几个好友走在鲁昂大天主教堂前，其中一位惊叹地说：‘多美的哥特式建筑，它提升了灵魂。’那么‘男孩儿’必定会回答：‘是的，太美了。圣巴托洛缪[①]也很壮观，龙骑兵、南特勒令[②]同样令人惊叹！’”“男孩儿”是一种文字游戏消遣品，同样是《庸见词典》具象生动的体现，此书是福楼拜穷其一生收集编纂的词库，专门记录他所听过的最缺乏新意和毫无创造性的回答，这类词汇从某些方面促生了他的遗作——一部未完成的传奇故事：《布瓦尔与佩屈舍》透过这个虚构人物，能揭示出他青少年时代不满现实的怒火，和终生仇视的布尔乔亚阶层，即那些掌握着财富的男女，为数不多，却坚守着某种狭隘庸俗的道德准则。这个“男孩儿”既是作家在 19 世纪 30 年代时的个人写照，又是一种“反福楼拜”

① 指圣巴托洛缪大屠杀。1572 年 8 月 24 日，法国天主教暴徒对国内胡格诺派的新教徒开始进行血腥的屠杀，暴行持续了几个月，并引发了宗教战争。——译者注

② 为了终止圣巴托洛缪大屠杀，法国国王亨利四世于 1598 年 4 月 13 日签署颁布了一条敕令。该敕令承认了法国国内胡格诺教徒合法地位，允许他们自由进行自己的宗教活动。——译者注

的形象。如此严肃地揣摩一个非严肃的幻象，可见，福楼拜并非处处都玩世不恭，否则，他的人生也不会严肃得如此传奇。

就在威严刻板的鲁昂皇家中学对街，有一家国民咖啡馆，自由奔放，又略带一点儿粗俗下流。自从寄宿生居斯塔夫被获准短时间离校那天起，每到周四和周日，人们总能在校园围墙外的这家咖啡馆里瞥见他的身影。他永远是一副慵懒倦怠的姿容，烟斗不离嘴边，头发支棱着，心怀共和制的空想。人们经常听见他在座位上夸夸其谈，只为讽刺有钱人，对生活表达着厌恶之情。咖啡馆也是他与阿尔弗雷德·勒·普瓦特万重逢的地方，那个小伙儿同样是个富人子弟。阿尔弗雷德的父母经营着几家棉纺厂；他的家境比福楼拜家族殷实得多，但这并不影响两家人结为世交。几年后，阿尔弗雷德的妹妹生下了一个男婴，也就是福楼拜一生眷顾的居伊·德·莫泊桑。阿尔弗雷德比居斯塔夫年长5岁，不断怂恿这个小兄弟去尝试新事物。他带来了坏的影响：福楼拜迷上了烟草和酒，尤其是他寄来的书信里，作家无休止地阅读着最淫秽、最露骨的辞藻，放荡、妓女、狂饮永远是谈论的主题。阿尔弗雷德带来的不仅仅是放纵的习气，他渊博的知识也给予居斯塔夫诸多启示：受其熏陶，福楼拜开始阅读起拉伯雷的作品。作者那种过度夸张和极度嘲讽的精神完全符合年轻人的口味，正如萨德滋养了他离经叛道的性情，所有的憎恶并不指向上帝或宗教神秘主义，而是指向神职人员和教会人士。他们同样阅读斯宾诺萨、蒙田的著作，还迷恋盛行一时的埃德加·基内，以及这位历史学家追求的东方神秘主义。受阿尔弗雷德的影响，居斯塔夫增添了不少插科打诨的本领。15岁时，他寄给阿尔弗雷德一封信，内附一份妓院的价格表，该妓院位于鲁昂市普拉特尔街，为中学特设了一些奖赏性服务，福楼拜并不经常光顾那里，但并不妨碍他借此炫耀一番。几年后，在1843年9月，他写信给一位友人，信中对烟草极尽赞美之词："啊！若无烟斗，生活会缺乏想象；若无雪茄，生活将毫无色彩；若无嚼烟，简直难以容忍！蠢货们总会对你们说：'古怪的乐趣，在烟中，一切都会流逝，烟消云散！'好像所有美好的事物就不会烟消云散一样。那光耀呢？那爱情呢？"他也经常喝酒，喝到"酩酊大醉""不省人事"，青年福楼拜喜欢明确这类隐语，并借此邀请朋友们一醉方休。

烟、酒和女人，青年居斯塔夫的生活表面看来光彩亮丽，但生存的苦难终究会来临，考验这位玩世不恭的青年。1839 年 9 月，高中返校，新学年开始，青年人即将做出抉择，去迎接自己不确定的未来。居斯塔夫选了一种令他反感的极端处境。早在几年前，拿破仑就建立起了中学毕业考试制度，当时他正在毕业班就读，整个事件发生在考试前夕，涉及一门无聊的哲学课。他那时 17 岁，不久将满 18 岁，正是风华正茂的年纪。恰恰在最需要标榜不羁声明的年岁中，一次“英雄行径”应时应景地来临了。12 月初，中学领导层突然向毕业班的哲学教师发起了责难，批评他在工作中严重失职，并进行了撤换。新上任的教员没有获得学生们的好感，以居斯塔夫为首，毕业班公然与新教员唱起了反调。事件的发展极为迅速，没几天就见了分晓。新上任的教员展示了强势与威严，由于无法查清煽动混乱的人数和姓名，他采取了集体惩罚的措施：全班每一名学生都必须罚抄诗句一千次。若是学生们互相揭发同党，就可以免去那些惩罚。学生们团结一致，更糟糕的是，居斯塔夫再次成为“叛军统帅”，领导学生拒绝接受惩罚，还起草了一封抗议书，递交到了学监手中。总共有 30 个学生在书信里签了名。这次越级上告未能达到效果。学监反以“开除学籍”作为威胁。福楼拜固执地坚持己见，自行起草了第二封抗议书，这一回，书信直接传达到了最高层，放在了校长面前。年轻人傲慢的炫耀和无礼的夸示尽在字里行间淋漓尽致地展现出来：“无论怎样，正因罚抄是一次集体罚抄，据此，整个班级的全体学生都应该接受处罚，我们这些签名上书的自不例外，学监先生拥有主动权，我们供认不讳。在此，我们再一次签名上书，向您宣布，校长先生，首先我们已做好了准备，向您阐述抗议的原由，让您明白究竟是何人何故才导致我们采取今天的行动，其次，如果校方不理会这些抗议的原由，继续一意孤行，企图区别对待班级里的学生，恕我们全体签字抗议者直言，若欲施行罚抄，不必犹豫，若想开除抗议者的学籍，悉听尊便，区别对待受罚者，如此行为，无法再被称作一次集体惩罚。”一段悠长而华丽的陈词，但徒劳无功。从1839年12月，或更早一些，福楼拜被开除学籍，顾及他父亲的情面，校方要求他自愿退学，主动离校，以自由学生的身份单独参加中学毕业考试。

在朋友面前，居斯塔夫展示了一次非凡的决断能力。随后他铿锵有力地向众人转达了中学发布的消息，就像转达一份冷静的医疗笔录一样。当然，他必定在家里遭受了父母严厉的训斥，被反复劝诫，不准再起事端，不许对校长发起新的抗议举动。事件逐渐平息下去，他又回到了父母身边，居家度日。此时，随着中学毕业日期的临近，他仅剩下几个月的复习时间。几位过从甚密的友人中，埃内斯特·舍瓦利耶比居斯塔夫年长 1 岁，无私地找出了去年的听课笔记，全力帮助自己的小伙计备战即将来临的考试。

居斯塔夫作为学生常被冠以生性懒惰，资质平庸的“美誉”。据传言，他在童年学习阅读时存在着很大的障碍，但在校期间，他的阅读成绩又让这些谣传不攻自破。从 11 岁开始，他曾 5 次获得作文写作冠军，因此被授予“成绩优异奖”。他在文学方面的才能博得了教师们的青睐，尤其是历史和文学教师更是对他备加赞赏，其中的谢吕埃尔和古尔戈－迪加宗老师与他成了忘年交，并在以后的日子里长期保持着书信往来。直至学业终了，甚至在被开除的时候，他始终是一个颇具天分的学生。即便是处在抗议事件风口浪尖时，他依然是哲学课上最出类拔萃的那一个。

他的成绩当然来自于聪慧的天资，也归功于他自幼创立的一种学习方法，该方法也被运用在日后的小说创作中：积累文献资料。在 1832 年的一封信中，10 岁的福楼拜曾提到，自己在阅读后摘录了大量的笔记。他还有着惊人的记忆力，但也是自我训练的结果：大量的阅读，涉猎所有的主题，并精于使用合理的方法。他会将笔记制成卡片，有时会整段地抄写课本上的章节，便于记忆。他也具备一种惊人的学习毅力。为了复习迎考，正如日后为了起草自己的著作那样，他能够每天 15 个小时几乎不间断地伏案工作。并且，保持着规律的作息，凌晨 3 点入睡，为了保证 8 点准时起床。

他的学习方法非常奏效：1840 年 8 月 23 日，他顺利地通过了中学毕业会考。在那个年代，会考的难度很大，极少有学生能获得成功，即使对出生在富裕家庭中的居斯塔夫 · 福楼拜来说，也不容易。父亲希望为他安排一次去法国南部的长途旅行，一来庆祝考试的优异成绩，二来或许为了打磨儿子的“棱角”，让他变得文雅一些，若不算上拜访塞纳河畔诺让区的堂房亲戚，这个 18 岁的大男孩几乎从未走出过自己生活的“区域”。可是，这位令人尊敬的医生父亲仍然无法放心，儿子在没有监管保护的情况下单独出外旅行。他打算让 3 个熟人陪同前往：一位是名叫斯特凡尼的意大利神甫；一位是他往届的学生之一——克洛凯教授，当时在巴黎已经享有盛名——他刚刚完成了对德·拉斐特将军的临终医护工作；还有一位，就像理所应当的那样，是教授的姐姐——一个微胖的老处女。有了这些的旅伴，居斯塔夫对这次旅行几乎失去了任何展望和憧憬；他显得犹豫不决，又打算回绝父亲的建议，但最终还是被说服了。旅行很顺利，无论是父亲暗中希望的或不赞成的，他都完成得很好，这次出游对他来说是一次尝试各种新发现的机会，尤其是对性爱的体验。他们精心设计了旅行路线：波尔多，巴斯克海岸，接着到波城，比利牛斯山地区，南方运河，纳博纳的古代高卢罗马城，尼姆和阿尔勒，然后到马赛及普罗旺斯地区，由土伦乘船去科西嘉岛览。众人准备着行程，细心阅读了旅行指南，一一确认了游览区域，福楼拜以嘲笑的态度看待这一切，甚至临行前，仍然把这些景点戏称为“如画的风景”或“奇妙绝伦”。然而，他还是采纳了父亲的建议，在行囊里装上了十来册笔记本，用于沿途记录自己的印象观感，以便回来后整理成文。作家去世后，这些笔记被出版，定名为《比利牛斯与科西嘉之旅》。

法国南部的旅行刚开始，居斯塔夫就亲眼目睹了几次意外事件。在比亚里茨，他正沿着海滩散步时，一位身着黑衣的妇人突然出现在眼前，扑倒在他脚下，恳求他援救两个不幸溺水的游客。由于平时每天都在塞纳河里游泳，眼前的场面并没有让福楼拜感到恐惧，他脱去上衣，只穿长裤，跳入海中。他游过两名男子搭着一个奄奄一息的人往回赶。他们向他高喊着，去救另一个。但没有成功，溺水者沉没了。几番徒劳的寻找之后，他最终放弃了努力。等他游回岸边，又得知，之前他本以为获救的那个男孩儿也已身亡了。此时，他赤裸的身体已被海水浸湿，冻得瑟瑟发抖，为了让身体回暖，他躲进了小木屋里。一刻钟后，两名死者被安置在了一艘小船上，几个受雇的哭丧妇已然围绕在尸体周围，嗷嗷地执行着送葬的礼仪，当居斯塔夫走近尸体时，她们误以为是遇难者的家属，出于礼貌，哀号声放大了一倍。之前哀求他下水救人的黑衣妇人再次上来搭讪，唠唠叨叨的话语令他头晕目眩：她希望，他去控告那些海岸警卫玩忽职守，没能坚守自己的岗位。这妇女着实让人恶心，他向当地农民借了一条长裤，随后离开了海滩。对于这段经历，他必然以年轻人玩世不恭的态度给予总结，死亡并不可怕，而最令他悲哀的是自己下水时穿的那条长裤，第二天，当人们归还给他的时候，裤子依然像前一天那样湿漉漉的，他不得不一整天都穿着它。

旅行途中充满着惊奇炫目的时刻。在南部干燥壮丽的自然景象面前，炎炎的暑热压得人透不过气来，昏沉感裹挟着这位诺曼底青年，让他只觉得身在他乡，处处是一种异域风情。刚瞥见西班牙的边境线时，他向往着在那个国度里生活，成为西班牙人，唱着摩尔人的歌。从幼年起，他已然梦想着这些图景，梦想着远方，梦想着东方世界。返回巴黎后，在 1840 年 11 月 14 日一封写给埃内斯特 · 舍瓦利耶的信中，他兴奋异常："我觉得自己随风飘荡，移居到了一个满是污泥的国度里，我出生在别处，我始终有着一些来自芬芳的海岸，蓝色的海洋的记忆。我曾经贵为交趾支那[①]的君王，抽着 36 丈[②]长的烟斗，身边围绕着 6 000 个妻子和 1 400 个'博达切'[③]，掌控着弯形大刀，专砍那些逆我心意者的头颅，我还拥有着一批努米底亚骑士，以及大理石制成的浴池。"他向往着不停地出发，去更遥远的地方，穿越地中海，奔赴埃及。因此，这次旅程的最南端，即科西嘉岛，成了年轻梦想家的最终精神归属地。

① 交趾支那，位于越南南部，柬埔寨东南方向。历史上，该地区由多个政权统治过，如阮氏家族、法国殖民政府、日本驻军处等。1949 年 6 月 14 日成为越南国的领地。——译者注
② 丈：Toise，法国旧长度单位，相当于 1.949 米。——译者注
③ 年轻的男性性奴。——译者注

离目的地还有一段路程。从土伦出发时，天气持续晴朗，但游船驶过距离港口几海里的耶赫群岛时，遭遇了一场风暴。人们目睹了这位俊美健硕的年轻人为了搭救邻座的游客，跳入大海里，他藐视死亡，却突然意识到自己临终时刻到了。对他来说，船上那些舱位就是众多的棺椁，鳞次栉比地排列着，他在里面感觉自己“像黏在舱板上的一口痰，16 个小时内，就这么固定又黏乎乎地粘着”。阵阵恐慌袭来，他感到恶心，对着马口铁马桶呕吐，直到秽物充满了盆内的四分之三，他的头脑中却又悲哀地做着白日梦，梦见他在鲁昂家里的房间，充满了温馨的母爱，他的内心也极力召唤这种景象：“我的壁炉、我的挂钟、我的床铺、带斑点的墙纸、局部发白的地砖……还有横在刺槐枝叶间的杈杆，…… 烛火闪闪发光，悬在天花板上，我的烛台化为一个白色的圆环。”第一次对家的眷恋所带来的启示，让他在之后的 35 年中，始终蜗居在克鲁瓦塞家中的房间里，感觉自己更偏爱内心的冒险，而不是乘风破浪的旅行。知觉时隐时现，转瞬即逝。当他重新睁开双眼时，陆地已遥遥在望了，身边的恶魔都被驱赶殆尽了，被苏醒打断的梦幻立即又显现出来。

缘自科西嘉的岛上环境，他对粗犷豪放的风格产生了仰慕之情，在那些生硬且不平整的景物中，他看到了那些遥远的年代，超越了时间，坚毅地残留下来。在他的旅行笔记里，纳入字里行间的已不再是一次地理上的迁移，而是一次时空的穿梭，他遨游在熟识的拉丁语世界中，正因他早已阅读过古代伟大作家们的原文著述。对于科西嘉的乡间，他产生出一种特别的怀旧之情，并预言了它的消亡：“所有这一切如此远离法国，远离这个世纪，它停留在一个时代中，那时代是我们今天在书本里魂牵梦绕的，我思忖着，当人们匆匆地来此旅行，当供游客选择的餐厅取代了这些坍塌的旧屋，当整个穷苦地域少到了极点，皆因人们所引入的贪婪，总之，这一切是否终将比原先更美好。”

在 1840 年的科西嘉，也正是普罗斯佩 · 梅里美出版《高龙巴》的同一年，最让他热爱的，最让刚脱离童年幻想的他心弦震颤的，乃是科西嘉的匪气，一种满是荣耀的强盗习气。他不知疲倦地讲述着科西嘉的奇闻逸事，这些传说都来自岛上的密林深处。他深深地迷恋着这些，甚至对一位强盗的生平表现出极大的热情，这位强盗号称“了不起的泰奥多尔”，1817 年，在拒绝服兵役的命令后，他向当局政府宣战，战争持续 10 年之久，最终被一个女人出卖，成为红裙下的牺牲品。对年轻浪漫的居斯塔夫而言，这才是理想的生活。

强盗的生涯如此富有幻想色彩，这正是他渴望经历的，在旅途中的某个时刻，他险些遂成此类愿望，而偏离了自己旅行作家的角色。是的，就在某一天，他被激情冲昏了头脑，准备采取些行动，让自己成为小说中的一个人物，他打算提供给一个同龄的亡命之徒一本护照，为了使其能逃离海岛。提供的可是他自己的护照！可叹的是，那年轻的强盗自己已有了一本假护照。但这都无关紧要，他的处事姿态已经向人们展示了一个冲动、不羁、不知危险为何物的福楼拜。与强盗见面后，他渴望一起去历险，但命运却不让那些不幸的事件发生在他身上。

两个月的游历中，在比亚里茨的海滩上，他亲近过死神；在地中海的一次风暴中，他以为自己走到了生命的尽头；他瞥见过西班牙粗犷的美感，在它的边界外，是整个的东方世界和古代文化，它们藏匿在景色与游人泰然平和的姿态中。他亲历过冒险行为，与强盗为伍，对他而言，与他们相遇，就已然入了伙，与他们结了盟，像一切都理所当然的那样。他唯独缺少一件事，有了它，这次启蒙式的旅行才算完成；它也终将完成。

在返回的途中，路经马赛，居斯塔夫·福楼拜在毫无预备的情况下，将第一次体验到爱情的滋味。显然，这是一次性爱的尝试，因为若有一位年轻人被满腔的激情深深地折磨着，那准是青年福楼拜当时的状态。阅读他早年间的文字就能知道，他心无旁骛，仿佛只为了爱情而存在。最初，他在情欲方面的启发与一个年轻的英国姑娘有关，她名叫卡罗琳，与他妹妹的名字一样。这段轻浮的爱情发生时，年轻的居斯塔夫大约十三四岁。他们拥抱亲吻，互相有一点儿爱抚而已。在他看来，这只是一种天真的游戏，可对于比他年长两岁的少女而言，此类举动更具吸引力。由于不理解这些放肆行为的深意，他显得有些恐慌，继而回绝了她。他曾表示，自己疏远她是为了得到另一个女孩儿。但真实的情况更可能是，这位卡罗琳因为不满足加上气恼，抛弃了他，转而投入了绘画老师的怀抱，那可是一个成熟的男人。对于女人，他终生保持着某种怀疑，差不多接近一种厌恶仇视的态度。

然而，1836 年夏天，这位到年底才满 15 岁的年轻人完全没有了玩世不恭的态度，尽管他平时喜欢故作姿态，装出老练世故的风度。可是，当他描述与埃莉萨 · 施莱辛格的相遇时，他的赞叹甚至充满了天真，他的言语流露出令人感动的幼稚，这位女子将在未来的很多年里让他挥之不去。两年后，他撰写了一篇极具自传色彩的文章，名为《狂人之忆》，在文中，青年作者诉说了以往。早晨，他漫步在小城海水浴场的沙滩上，潮水正渐渐地涨起来。他瞧见远处有一件被遗忘的红色毛皮大衣，海水几乎将它卷走，他及时赶到，把大衣从水里捞了出来。他的所作所为纯粹是无心之举，没人看见，也没人对他表达谢意，可这一举动却让他在当天晚上遇见了大衣的主人。从第一眼相遇开始，他就彻底拜倒在这位陌生美人的石榴裙下。“她身材高挑，被晒得微黑，黑色秀发扎成了辫子，垂在双肩上；她有着希腊式的鼻子，双眼闪着炽热的光芒，双眉高挑着，弯成令人赏心悦目的弓形，她的肌肤透出耀目的光泽，像泛着金色的天鹅绒般滑腻；她苗条又清秀，在她棕褐透着些紫红色的颈喉处，能看到天蓝色的静脉弯弯曲曲地延伸着……一层细腻的汗毛使上唇添了些亮彩，也赐予整个脸部一种勇敢坚毅的表现力，让那些金发美人都变得苍白无力。”长久以来，人们都确信，这是一段真实的罗曼史。事实上，一段罗曼史很有可能被浪漫化，被加以杜撰，青年作者为了更好地迎合自己的憧憬，不惜篡改真相。埃莉萨的形体肖像是符合事实的，但似乎也仅此而已。那件大衣或许并不存在，他或许从未将它从海水中捞起。时隔多年，在一封信中，另一个真相似乎又浮现出来，书信中的日期为 1853 年 9 月 2 日。他向自己的情妇路易丝 · 科莱讲述了 16 岁时一次泛舟旅行的回忆，当时他甚至还在撰写《狂人之忆》：“船上有来自巴黎的各类俊男倩女。我还看见一块绿色的面纱，被风从一顶草帽上吹落，飘过来缠住了我的双腿。一位穿着白色长裤的先生把它拾了起来……” 正如《情感教育》的开头，当弗雷德里克 · 莫罗与阿尔努先生初次相遇时，后者穿的正是一条白色长裤，情景也是发生在船上，一件织品险些滑入水中，又如弗雷德里克在最后时刻接住了女主角掉落的披巾。灵感的来源已然如此明显，更何况福楼拜从不隐瞒，玛丽 · 阿尔努这个人物主要取材于埃莉萨 · 施莱辛格，同样，她的丈夫雅克 · 阿尔努的原型是埃莉萨的丈夫莫里斯，而弗雷德里克就是作者自己的化身。那么，居斯塔夫与埃莉萨最初的联系是什么？是一件遗忘在海滩上的红色毛皮大衣，还是飘舞在船上的绿色面纱？也许，两者都不是。纵然在书信里一贯如此巧言善辩，居斯塔夫却没有给出过答案。也许是因为他俩在特鲁维尔只是一次极寻常的相遇。

为什么从 17 岁开始福楼拜觉得有必要美化自己与埃莉萨 · 施莱辛格相遇时的情境？这种蓄意的篡改流露出他那个年纪的性格特质，而未必是在表达他对事实的满意与否。1839 年 1 月 1 日，他向“国民咖啡馆”的朋友阿尔弗雷德·勒·普瓦特万提供了一份手稿。“我把我的思绪告诉你，一份沉重的礼物！请接受它们，正如我的心，它们是送给你的”，他在信中如此坦诚相告，并把信附在小说书稿中一起送出。对他而言，这位年仅 22 岁的年轻人，就像是一位良师益友，一位陪伴在身边的兄长，促使他不断自我提高，表现得比他原本更像一个男人。那次邂逅更可能是一次极平常的相遇，既没有什么浪漫情调，也无任何传奇色彩，甚至他当时的表现显得很笨拙，双脚被一条纱巾缠绕住，险些绊个踉跄，而他却让自己来出演一个俊美的角色。

在两个朋友之间，正是这种年龄差距使阿尔弗雷德更像一个老于世故的长者，而居斯塔夫那时才刚结束自己的纯真年代。从书信中，人们能够得知，他在15岁时就失去了童贞。依据他向龚古尔兄弟吐露的真情，他与母亲的女仆应该有过一次肉欲的初次体验，但是，如果这件事不是杜撰，它也不太具有说服力，因为他自己很少提及。然而，与阿尔弗雷德来往的书信中，许多内容被认为过于情色，以至于我们等待了150年才敢出版。这些已然令人惊讶不已了，更有甚者，就在阿尔弗雷德结婚以后，福楼拜觉得，他背叛了两人之间的友谊，自行烧毁了大部分信件。然而，在19世纪30年代末至40年代初，两个朋友形影不离，“长兄”不停地打听着“兄弟”在女人群里的斩获；他毫不犹豫地训斥、怂恿居斯塔夫，询问他是否因为洗澡水太凉而失去了活力，或者干脆教唆他过度手淫。他几乎能肯定，福楼拜沉湎于这种孤独的快乐中，与当时的青少年一样，他对自渎有着同样的兴致和同样的厌恶，而那个年代人们对年轻人宣称，这类行为是一种“反自然的危险”。在他的私密记事本中有一个章节表达得很明确，这段文字写在他与一个女人宿命的相遇之前：“哦，情欲，魔鬼般的情欲不停涌来，夺去你们手中的书本和内心的欢乐，让你们变得阴郁、残暴和自私，变得毫无威严，人们驱赶它，它又回来，人们带着陶醉，向它屈服，蜂拥前往，在其中卖弄挥霍着，鼻孔张开，肌肉紧绷，心脏怦怦地跳动着，人们的眼睛低垂下来，湿润、厌倦、破碎，那就是生命，希望与失望同在。”这种因妥协导致的失望固然不少，但他所期待的快感也得到很多。阿尔弗雷德不停地激励着他去尝试情欲的滋味。表面上，居斯塔夫并没想要做出很多努力，以同样放浪的做派来回应这种激励。也许，只是语言上没有多加努力，但这类想象在于他，确实从未停歇，也非常受用，因为，在他的私密记事本中，在那隐秘与沉静的背后，人们同时会发觉另一个截然不同的男孩儿，他的确不算是妓院的常客，而是一个浪漫的年轻人，未能满足的欲望纠缠折磨着他：“我觉得，当我 20 岁的时候，人们必将热爱着我，我也将遇到某个人，无论是谁，最终会是个女人，我将知道，正是那个美妙的名字会预先撩动我整个心弦，使我身上的肌肉颤动不已…… 谁将接受我的爱慕？这必然已经注定了，因为我渴望一个情人，一个天使……哦，一个女人，多么美妙的尤物！我喜欢梦想着她的曲线。”因此，正是这样一个男孩儿，对情事既了解又无知，就在南法之旅即将结束时，认识一个女人，他将初次体会到情爱带来的意外惊喜。

在整个旅程中，福楼拜始终由3个成年人陪伴着，但就在返回的途中，像施了魔法一般，年轻人发现加在他身上的警戒松懈了。意大利传教士依照他自己的方向返回，那个老姑娘也提早返回了鲁昂。只剩下和善的克洛凯医生陪伴着青年人了，两人在马赛停留了几天，入住的黎塞留酒店，坐落在达尔斯街，由一位母亲和她的女儿经营着。女儿名叫厄拉利·富科，几年后，福楼拜带着讽刺地指明，她“出生在朗格拉德”。确切地说，这已经不再是一个年轻的姑娘了。她结过婚，35岁，已经有过一段隐秘的生活经历，她曾经去过美洲，从那里归来时已生了一个小女孩儿。她有一部分克里奥尔人的血统，棕色头发，油亮的皮肤泛着金色的光泽，胸部结实坚挺，细微的汗毛贴在嘴唇上方。一个神似埃莉萨·施莱辛格的女人，确实令人浮想联翩。她俩都与青年人有着一定的年龄差距，都是年轻的母亲，都是体态丰盈，棕色头发的美人。30 年后，福楼拜回忆起两人诸多的性格特征，创作出了《情感教育》的女主角玛丽·阿尔努这一人物形象。正如福楼拜在 1860 年 2 月 20 日告知朱尔和埃德蒙·龚古尔兄弟的那样，玛丽·阿尔努甚至继承了厄拉利克里奥尔血统的特点，只是没有她那么奔放。

18 岁的青年福楼拜从地中海沐浴归来，浑身散发出从未有过的魅力，皮肤被太阳晒得闪着光泽，金黄色的头发依然湿漉漉的，南部的阳光把他绿色的眼睛映照得烁烁放光。他沿着楼梯上了一楼，走到楼面的一扇房门前，迎面正遇到厄拉利，她正在收拾屋子。在此之前，他是否已经在暗中向她投去关注的眼神，而令她惊讶不已呢？此时此刻，是否有一种目光透出更加强烈的渴求呢？她勾引着他进入房间，从他身后把门关上，不发一言，直接亲吻他。晚上，她过来在床上与他相会。在随后的 4 天中，两个情人在白天、夜晚都会悄悄地约会数次；最后一回，福楼拜在之后的日子里曾自夸说，那一夜满足了厄拉利四次作为敬意和告别。在她寄给他的那些炽热的书信里，福楼拜的形象被奉为一个不知疲倦的情人："具有年轻而健壮的身体"。她全身心地将自己奉献给他，恳求他不要忘了自己。唉！他却表现得像一个忘恩负义的薄情郎，只写过一次回信给他那位情爱启蒙师。更有甚者，1840 年 1 月 19 日，他还同时给埃内斯特 · 舍瓦利耶写了一封信，言辞灼灼地表明："女人就是一种庸俗的动物，只不过男人给自己制造了太美好的理想而已。" 正是这么一个看似普通的男孩儿，一旦他的情欲得到了满足，对那些向他让步示弱的女人便毫不留情地厌弃了；正是这么一个男孩儿，在熟悉女性之前，曾对她们魂牵梦萦，现在却远离了自己守护的浪漫情怀；正是这个男孩儿，背离了未来书写崇高爱情的作家，他永远保持着柏拉图式恋爱情怀。

事实上，他失去了童贞，而问题也体现在这种无可救药的突变中。一种他无法决断的突变。他任由其发展，放任自流。“她柔软湿润的手游遍我的全身”，在《十一月》中的叙述者如此描述着，“她的热吻紧贴着我的面孔、嘴唇、眼睛，这些急促的爱抚，每一次都令我眩晕……她燥热的皮肤，微微颤抖着，在我的身下伸展战栗；从双脚直至头颅，我觉得全身都被淫乐笼罩着；我的嘴唇紧贴着她的嘴唇，我们的手指紧握在一起，共同摇晃颤抖，交织缠绕着，我呼吸着她头发散发的味道，唇边吐出的气息，我快乐地欲仙欲死。又过了一段时间，我展开身体，等待着细细品味心脏的跳动和激荡神经的最后颤抖，随后，我觉得，一切都在缓慢地熄灭，直到消失。”并非厄拉利屈从于居斯塔夫，而是居斯塔夫屈服于厄拉利。从某种意义上说，她将是他所憧憬的女性的一种综合体，其特点正好介于两个女人之间，一边是他即将步入青少年时期遇见的英国姑娘卡罗琳，大胆奔放，但他反而望而却步；另一边是埃莉萨 · 施莱辛格，他理想中的女性形象，但她过于令人尊敬，以至于他终因太腼腆而不敢越雷池半步。15 年后，为塑造被情人占有的包法利夫人，他将被唤起记忆，回想起自己第一次被厄拉利征服时，所表现出的那种被动无助。屈服于一个像埃莉萨 · 施莱辛格那样的女人，动情的年轻人感到背叛了自己青春时期的爱情，甚至是背叛了青春本身。他觉得这是一种无法挽回的窘事。在《十一月》中，也就是一年多以后起草的一个中长篇小说，他讲述了一段艳遇，那个女人酷似厄拉利 · 富科，他用这些词汇来总结那次相遇："嗯，仅此而已，爱恋！嗯，仅此而已，一个女人！"随之，他补充道："我被一种难以名状的忧伤所占据着，我厌烦之极，我满足，我叹息。"与手淫相同，这类情爱方式是一种失望的表达，而他又觉得是暂时的需求，因为他认为，那只是涉及真正恋爱行为的一种退化的替代品，他发现，这种恋情即使成功，也不会有任何挫伤，因为他是一个优质的情人，只是提供短暂的激情，而比起自己曾经的希求、想象、预感到的爱情要劣等得多。“我为自己创作了另一些更为美好无限的想象，另一些不太明确的情欲，低于我失去的童贞，但更加美妙，正如我具有的欲望那样卓越动人，又无穷无尽”，《十一月》中的叙述者如此描述。同时，居斯塔夫在私密笔记本中写道：“思想是所有快感之中最伟大者，快感享受本身只是人们的幻想，你们只有在一些梦中才会饱尝到那么多的情欲吗？”20 年后，他仍没有改变观念，正如《情感教育》的最后几行文字所表明的那样。弗雷德里克·莫罗和他的朋友德洛里耶都年迈苍苍时，一起回想他们人生中拥有过的最美好的时刻。他们达成了共识，一致认为，那是一次妓院的探访，当他们还是青少年时，曾精心预备那次冒险，他们去做了头发，采集了一些花朵，编成花束送给那些姑娘，然而，这次探访最终以一种彻底“不举”的厄运作为收场，乘兴而来，败兴而归。因此，对他所期待的快感并没有任何影响。而他之所以责备那个克里奥尔美人厄拉利，是因为她击碎了他青春的梦想，使他面对一种他感到肮脏不堪的现实。

堕落感是强烈又令人绝望的。终于，他不愿意被情欲所控制，从他 21 岁到 24 岁的 3 年中，他强制自己清心寡欲。在《十一月》中，他不容置疑地表明：“就是这么一个人，有足够好的家庭出身，并不渴望情妇……他目睹那些庸俗的情爱，以冷眼旁观，那两个愚蠢丑陋的动物，人们唤作情夫与情妇，他不会试图自甘堕落到如此下贱的地步，他守护爱情，宛若坚守着一种脆弱的嗜好，他击退所有来袭的欲望，让它们对自己卑躬屈膝；这场战争让他精疲力竭。”由于这种执念，他终其一生没有留恋于任何一个女人，甚至他一旦发现哪个女人对他特别殷勤，便远远地躲开她。他经常与妓女来往的地方有两处，一处在鲁昂市西戈涅大街，另一处在巴黎格拉蒙街与黎塞留街之间的地带。为了不纠缠这些女人，他付钱给她们，同时，他非常害怕成为别人的父亲，因为福楼拜始终有一种挥之不去的烦扰，不愿生育后代。这一独特的观点足以使他与女人断绝关系。“让一个男人生养小孩儿，还不如杀了他，”他解释道，“你们丢失了生命，并非全部的生命，而是这即将消失的生命中的一半，或者四分之一，或者百分之一，这些生命注定在没有你们的陪伴下消逝；但对于第二点，从出生于摇篮直至埋进坟墓，他所流下的泪水，你们不负有责任吗？”当然，这只是《十一月》中以绝望的口吻说出的一句戏言，但是 10 年后，当他的情妇路易丝·科莱自以为怀孕时，他哀求着她，让她觉得是自己搞错了，并补充说：“我，一个儿子！哦，不，不，宁可被公共马车碾死在臭水沟里。”福楼拜将坚守着自己 20 岁时立下的誓言，终老一生，不留子嗣。

恐惧成为父亲的心结，无法克制的悲情和失望，没有什么会在性爱之后得到平复，这就是另一个福楼拜。人们发现，他已不再是那个狂热、英俊又固执的青少年了，总渴望伟大的生命历程，渴望无上的荣光和英雄主义，也不像他自娱自乐所创造出的那个“男孩儿”，吵吵嚷嚷，耍着贫嘴，有着拉伯雷式的滑稽，而是一个焦虑不安的青年思想者，一个不适应现实社会的梦想家。从南部旅行归来后，他必须选择一种生活状态，但在这位口才极佳的青年人身上，难以适应与无法确定的性情占了上风，并表现得日益明显起来。他父亲财力雄厚，也给予了他许多知识才能，他本可以心想事成，但他恰恰又毫无所求。成为一名医生，正如他父亲和年长 10 岁的哥哥那样？他甚至从无这类打算。获得中学语法教师资格证书？他宁可接受一次“灌肠”。他曾有一段时间梦想参加夏尔特学院的入学考试，或者去学习考古，只为了一个未知的理由，也许是因为父母极力反对，他放弃了这个念头。福楼拜医生对儿子寄予了殷切的希望，因此，居斯塔夫纵然极不情愿，也只得勉强转向父亲多年来所期许的学业：法律。那是一种严格的学业训练，纯粹是为了宽慰这位社会名流。在他看来，这类学业更适合小儿子的天分：卓越的记忆力和天生的雄辩口才。这两项优势，只需发展一项，而引导另一项，便可成就学业。

这显然是一个最糟的求学观念；在开始法律学业之后不到 6 个月的时间，他就写信给朋友埃内斯特·舍瓦利耶，在这封 1842 年 3 月 15 日的信中，福楼拜同学的批判言辞犹如圣徒长串的简短祷告那样连绵不绝：“人类的正义对我而言是世间最可笑的滑稽戏；

如果被审判者没有让我感到同情，如果我现在不是被迫学着一系列‘依照什么，他可被判处……’之类的蠢事，当一个人正审判另一个人时，简直是一场令我笑到断气的话剧。如果不是因为法律学业，我没见过有什么比法律更愚蠢的东西，我怀着极端的恶心在那里学习，这玩意儿夺走了我整个心灵和才智，让我无暇顾及其他。”当然，他没能猜想到，自己将以非常粗暴强烈的方式摈弃法律学业。但他还是很明白，法律提不起他任何兴趣。如果说，他既然知道无趣，却还接受这份学业，或许是因为在休养了将近 1 年后，终究要“做点儿什么”，正如他自己亲口诉说的，也许，还有另一个不太有说服力的原因：当时鲁昂并未设立法律学院，他被迫要在巴黎注册。居住在巴黎……这种展望早已在年轻人的精神世界里轻快地闪动了吗？国都的灯火、文化的涌动、与可能结识的友人相聚，这些已然吸引着他吗？从青少年时期开始，他就梦想着巴黎；某些最亲近的朋友正在那里等着他，催促他尽快去与他们会合。然而，福楼拜却打起了退堂鼓，甚至在临行前，还抱怨着，只因自己必须离开心爱的鲁昂，离开家庭，尤其是离开自己的小妹妹卡罗琳。正因为这种拖延，他花了很久才注册上巴黎的法律学院。1840年11月1日，他从科西嘉归来，直到1841年11月10日，他才成为法律专业的学生。整整1年的时间里，他待在父母家里，陪在卡罗琳身边，继续追求自己的阅读与写作。从19岁的上半年起，他感到，自己仍未做好充分的准备离开家庭的"襁褓"。他将永远如此吗？

一个解决方案忽然呈现在他面前：并非因为他注册在巴黎，就必须在那里居住。所有的课都不是必须出勤的，也没人来核实学生的出席情况。仗着父母的恩宠，福楼拜的想法很简单：时不时地做一次巴黎的往返旅行，在圣－拉扎尔火车站附近的酒店里租个房间，酒店位于勒·佩尔捷街5号，随后，还可以寄居在奥岱翁街 35 号的一所公寓里，也就是他的朋友埃内斯特留给他复习迎考的那处居所，而 1 年中余下的日子就住在鲁昂，独自啃着专业课本。他曾经以“自由考生”的身份获得了中学毕业证书，所以非常想重复这种“战绩”。在他的脑海里，如此安排有百利而无一害，当他渴望浮华时，可以利用首都带来的好处；其余时间可以享受家居的宁静安逸。从 1844 年起，他便如此规划自己的生活，直至他生命的终点。

远离了巴黎、教授、课程和同学，远离了学习的氛围，他尽可能地拖延启动学业的时间。“我学我的法律，就是说，我买了法律书籍，弄完了我的注册。过一段时间以后，我才会进入学习状态”，1842 年 1 月 22 日，也就是注册后大约 3 个月，他就毫不犹豫地写信给过去的教师诉说了这些。在同一天，他还向埃内斯特·舍瓦利耶证实：“关于考试，我几乎还未曾打开我的法学书籍呢。到 4 月或者 5 月的时候再说吧，到那会儿，我将（每天）学习 15 个小时，我会被拒绝（注册），然后，我将把主考官都称作法国的恶棍、笨蛋、下等人。或者，我会被允许（再注册），我会说，我学习十分刻苦；布尔乔亚阶层将视我为强者，命中注定要为鲁昂的律师席争得荣耀，我必须捍卫介于正义与邪恶之间的共有墙，他们或是从窗口抖落了地毯；或者谋杀了国王；或是把父母碎尸万段…… 法国人可能做出的所有事。”1 个月之后，他补充说：“我什么都没干，什么都不做，不阅读、不写作，样样都不精通。”这有可能是大学生自我炫耀的大话，他们往往乐于表明自己没有努力学习，却偷偷地温习功课。不，福楼拜并没有说谎：他翻过专业书本，很快又把它们合上了。这科目令他如此厌烦，他纵然拥有极强的好奇心，也无法理解课程内容，正如半年后，在 6 月里，他向埃内斯特再次诉说的那样：“法律把我杀了，把我弄得神志不清，把我弄得彻底崩溃，我不可能在那里学习了。我埋头苦读 3 小时的法典，在此期间我一点儿也理解不了那些玩意儿，不可能有什么进步：我可能会自杀（那真是叫人恼火，因为我被寄予厚望）。”尽管口吻很戏谑，这类自杀念头的浮现仅仅是一个玩笑。年轻人经历了一些备受打击的艰难时期，并非由于法律专业本身，而是因为他对于自己生活的安排。上流人士的规范生活并不是他想要过的。对他而言，这种生活也许无聊到了极点，沉闷得叫人窒息。1842 年中，他在《十一月》里写道：“那么，死亡在我看来挺美好的，我一直热爱它…… 一天，在巴黎，我在‘新桥’上待了很久；那是在冬天…… 河水是暗绿色的，我想起了所有来此处结束生命的人…… 他们靠近桥栏杆，爬了上去，纵身一跳。哦，苦难在那里终结，幸运从那里开始！”当然，这些文字并不意味着，这位大学生自己曾爬上过“新桥”的栏杆，但他在思考死亡的意义，把它当作幸运的开始。考试的日期定在了 8 月 20 日；临近考试期间，沉睡在福楼拜体内的那只学习猛兽终于苏醒了，甚至使他在一段时间内远离了对丧葬死亡的思考，他加快了复习的节奏，参加其他考生的公共考试，正如他自己所说的，每夜“勤奋刻苦”地学习，直至凌晨 1 点。

为了能被批准参加考试，大学生必须符合一个重要的条件：出示一份教授的证明，以确认他们已经修过这门课程。是啊，但问题来了，不守纪律的居斯塔夫几乎没有参加过一堂法律教授乌多的讲座。这位严厉的法学家正是以难缠著称，他手里那张珍贵的准考证只发给能提供年度课堂笔记的学生。学院的讲堂面积巨大，里面学员众多；狡猾的福楼拜使了点儿作弊的把戏，朋友埃内斯特·舍瓦利耶去年也修了这一门课程，他便借来了那份旧笔记，递交了上去。诡计被揭穿了，考试申请被驳回。他赶上了即将启程前往诺曼底的首发列车，去特鲁维尔与正在度假的家人会合。

1842 年 11 月，校方没有接受他的考试申请。上一学年的不幸遭遇给了他教训，他厌恶自己的学业，想要尽快了结眼前的麻烦，而不愿被迫留级，延长学习的时间。因此，父母与他商议决定，为了能不缺席课程，他可以继续住在巴黎。未来的妹夫埃米尔 · 阿马尔帮他在拉丁区安顿下来。最终他来到埃斯特街上落了脚，在一栋楼的楼层中租下了一间房间。几年后，当圣 · 米歇尔大街开通时，这条小街将会消失，变为卢森堡公园中的一大片苗圃。就在那里，他经历了异常艰苦的学习阶段，每天都熬到深夜才完工，为了消除疲劳，他常常出去散步。他大多数餐饮都由一位被他称为“蹩脚厨师”的人负责，那厨师就住在他寓所附近的于歇特街，为了节省开支，福楼拜提前按照份数交付餐费。他很快补上了落下的学业，12 月他成功地通过了考试，即夏天他未被允许参加的那个科目。

在巴黎中心，一套单身公寓。终于从父母的监管中解脱了。他刚刚庆祝了自己 20 岁的生日。人们或许认为，年轻的居斯塔夫过上了美妙的生活。他自己也可能如此认为，或者更准确地说，使自己这么认为。因为在巴黎时期的书信里，福楼拜表现得像一个精通多种语言的怪客。依据他的对谈者描述，以及他的性情来看，巴黎可以被最美的节日服饰装点，也可以被最晦暗的裹尸布缠绕，两者一般不二。这些是他在 1842 年 6 月 25 日写给埃内斯特 · 舍瓦利耶的文字，从中可以窥探到一些知心话："在巴黎，让我感到最美的，是大街。每天早晨，当我走在路上，穿过大街，每一次我的双脚都能感受到一种电流带来的痉挛，这感觉来自沥青铺就的人行道，每个夜晚，众多妓女拖着皮鞋，摩擦着路面，让她们的长裙飘舞得呼呼作响……在那里，卖淫大行其道；在那里，目光闪耀着光芒。”他声称，自己被逼无奈，才时常出没于妓院，因为他无法保持只与一个情妇来往，他还向朋友叙述了自己光顾妓院时的经历，出于放荡的趣味，他或许会挑选妓女中最丑陋的那一个，当着其他人的面与她做爱，同时嘴里还叼着一支雪茄烟。至少，1865 年 5 月 9 日的信中，他对龚古尔兄弟是如此诉说的。事实上，在 1842 年年末至 1843 年年初，阿尔弗雷德 · 勒 · 普瓦特万的回信内容能让人想象到，居斯塔夫这个浪荡子弟过着声色犬马的日子。他付款所得的猎艳花名册犹如强烈的欲望一样无穷无尽。那纯粹是男性的自我吹嘘吗？也许有一部分是，尤其是夸张的那些情节。但是，居斯塔夫很有可能从年轻的巴黎女人身上得到了莫大的快感享受，并且花费了昂贵的嫖资。当然，他在那儿付出了金钱，更付出了健康的代价。这段时期，他的确感染上了梅毒，病情使他的头发加速脱落了。然而，他感到，这段放荡的生活过得飞快而空虚，正如他再次向龚古尔兄弟吐露的实情那样："那玩意儿一点儿都不让我开心，就是为了'收藏'。"确实，年轻的福楼拜永远想要表现得比他本身更具有男人气概。1843 年 6 月，为了重新找到内心深处的理想，他强迫自己禁欲，直至 1846 年，他似乎还持续着一种清心寡欲的生活。1845 年 6 月 17 日，他向阿尔弗雷德证实了自己的选择："一种正常、规律、持续不断、强烈的性交似乎与我渐行渐远了，它似乎令我紊乱不堪。我好像终于回到了积极的生活中，回归到了身体的本真，恢复了生活的常理，我对性爱的每一次尝试都损害了自身。"

自 1842 年开始，即在禁欲的决定之前，福楼拜给妹妹卡罗琳的信中使用着完全不同的语言风格，他夸耀自己有多么非凡，在他眼中，首都没有什么可取之处。7 月 3 日，就是他写信给埃内斯特之后大约一周时间，他在给卡罗琳的信中写道：“你知道吗，巴黎的夏天，人们是多么无聊……”然而，他也有时常来往的友人。他有时会去科利耶家做客，一个英国家庭，夏季与福楼拜一家结识互访，他们的孩子热特吕德、亨丽埃塔，以及埃贝尔差不多与居斯塔夫同岁。有时，他也会去施莱辛格家里与他们共进晚餐，借此保持着对埃莉萨秘不可宣的爱恋。在那个年代，他们家的大厅是个非常气派时髦的地方。她的丈夫莫里斯经营着一家音乐商店，出售那些最受欢迎、最先锋的作曲家的作品：柏辽兹、哈列维，还有已经崭露头角的瓦格纳，当时还未到 30 岁，刚谱写完《飞翔的荷兰人》。

福楼拜无所事事，只惦念着他心爱的特鲁维尔，或是鲁昂的乡间。在小公寓里，他感到很苦闷。为了能找到一个地方寻欢作乐，他在 1843 年 1 月给妹妹的信中写道："我们必须在那里生活很久。那绝非一朝一夕能办到的，不可能刚把屁股坐热，就感到很惬意。"他觉得，自己生活在一个陌生人家里处在一些陌生的大楼中，住在自己不怎么熟悉的人家里。他变得消沉起来。朋友们建议他去进行一些体育活动，比如游泳，因为他很擅长此道。这些就是他嘴里的体育活动："我已经去过两次学校的游泳池了。出于怜悯，我只能耸耸肩膀。一帮蠢货！一个肮脏的水池，一些可笑的孩子，或是傻乎乎的老头儿，在那里啪啪地乱扑腾。没有一个人配得上看我游泳的！"另一次，年轻人受邀与一家人共进晚餐，席间，主人们在谈话中随意提到了路易·菲利普，他情不自禁地想使在座的宾客感到不快，并且还乐在其中，他在言语中极力讽刺："'那头笨猪'，因为当这位国王发现一幅画着贵族的油画尺寸不够大，不足以覆盖一块墙板时，竟想象着拆掉画框的一边，叫人再加两三尺画布，随意请个画匠来添上两笔。"1842 年 11 月，他再也按捺不住了，要求妹妹在父亲面前替他求情，因为卡罗琳一直受父亲的宠爱："在所有的人间喜剧中，儿子们都会编出一大堆谎话，为了欺瞒他们的父亲，为了诓骗到一些钱财。我没有什么谎话可编的，但我需要钱（钱，永远是钱，他们嘴里只有这个词儿）"；在随后的一封信中，他勃然大怒起来："活见鬼了，好像我在巴黎很舒坦似的，过着年轻人舒适的生活似的！我什么人都不见，我哪儿也不去。"此外，他还饱受了剧烈牙痛的折磨。这种世界末日般的悲惨形象可能并不完全属实，但极为接近他所感受到的现实。一方面，他尽力不让卡罗琳和父母对自己抱有怨言，另一方面，自己尽情过着名士的生活，因为1842年12月末，考试差不多都已结束，他立即返回了鲁昂。而法兰西首都与未来大作家之间的真正相遇并不是发生在那一年中。

1843年，巴黎除了有福楼拜一贯憎恨的法律学业以外，也迎来了“响晴薄日的时光”。这种转变始于两段相遇。一段是与克洛凯的交往，也就是他父亲的朋友，曾陪同他去科西嘉旅行，当年轻人孤独地留守巴黎时，教授有点儿像他的监护人。他常邀请克洛凯共进晚餐，或被邀请，去教授家里做客。克洛凯碰巧又是居斯塔夫法律专业同学夏尔·达尔塞的表哥。这种情况也许拉近了两个男孩儿之间的关系，达尔塞又把他介绍到姐姐路易丝家中，而路易丝的丈夫雅姆·普拉迪耶是19世纪40年代初一位非常受欢迎的雕塑家。在雕塑家的工作室里，年轻的福楼拜渐渐成为了座上嘉宾，他觉得，那里放荡不羁的氛围完全符合他的口味——“一个无拘无束的地方”。这句话并非表示他在那里受到的款待没有布尔乔亚家庭那种刻板造作。雅姆·普拉迪耶喜欢在朋友聚会时雕塑，周围充斥着吵闹的闲聊和嬉笑声。这位雕塑家是一个工作狂，大部分时间都泡在自己位于阿巴希亚勒街上的工作室里。那地方整天聚集着漂亮姑娘，福楼拜身在其中，如鱼得水，此情此景与朴素的学生公寓房形成了鲜明的对比。在这些美人当中，女主人路易丝 · 普拉迪耶最具有勾魂夺魄的魅力：一个棕红色头发的美妇人，有着十分果敢的性格。她素以贪恋男色著称，对此她从不故作神秘，对自己的丈夫不忠更是家常便饭。她很自然地相中了居斯塔夫，但青年人严格信守禁欲的誓言，不允许她过于接近自己。然而，他之所以在那些年时时出入于她的家门，成为座上客，是出于一个不太玩世不恭的理由——他将这位女主人视为灵感来源的对象。在她家做客时，他醉心于自己对她进行的“美学研究”，并将对她的回忆灌注在了艾玛 · 包法利的人物形象中。由于对男色的迷恋，尤其是对年轻男子的情趣终将毁掉这个可怜的女人。在她众多的年轻情人中，有一个对她过于钟情，情感完全超越了应有的尺度，他的家庭决定控告她。丑闻一时间闹得满城风雨，她陷入了绝境，被强迫离了婚，在一所由警察监管并提供食宿的宅院中了却残生。但居斯塔夫与她相遇时，她丈夫还不曾对她的荒谬行为记恨在心；而她丈夫本身也曾是朱丽叶·德鲁埃的情夫。从 1833 年开始，朱丽叶又成了维克多·雨果身边最重要的女人。此类情爱的交叉换位没有妨碍他们彼此交往，和睦相处，大作家也时不时来到普拉迪耶的工作室做客。1843 年 1 月，年轻的福楼拜就在那里同雨果有过一面之缘。对两位作家而言，那次相逢必然是意义非凡的。如果说人们在雨果的写作中没有找到多少关于那次会面的记录，福楼拜却很快给妹妹寄了封信，渴望在他俩之间尽情地聊聊当时的场景。在信中，他详述了大作家的魅力："我很享受，能在近距离凝视他；我惊讶地望着，他就坐在我身边的一把小椅子上，他身上散发的光芒像是戴了顶镶满宝石的皇冠一样。我望着他的右手出神，那只手写出了那么多美妙的东西。"

一次与维克多·雨果的不期而遇——这位作家曾使他的青春充满了狂喜——当然很独特，但也是唯一的一次，福楼拜之后几乎没有再见过他。而结识马克西姆·杜·康堪称是一次伟大的相遇，令他在巴黎的青春岁月洋溢着愉悦。40年后，马克西姆·杜·康在他的《文学回忆录》中将会讲述这段往事。1843年3月，杜·康刚离开祖母的公寓，来到拿破仑河堤街，准备住在朋友家里。这位朋友名叫埃内斯特·勒·马里耶，正在屋里笨拙地弹着贝多芬的《葬礼进行曲》，“一阵猛烈又霸道的门铃响过”：一个高个儿金发的青年人走了进来，他蓄着浓密卷曲的胡须，绿色的眼眸，戴着一顶斜边帽。埃内斯特向他介绍，这年轻人是一位鲁昂中学的老同学，介绍时的口吻像对待“老爷”一样。在居斯塔夫与马克西姆之间，简直是一种一见钟情式的友谊。杜·康本是孤儿，出自一个良好的家庭，家境尤其殷实。他过着一种叫人艳羡的青年人的生活，福楼拜自己对这种生活梦寐以求，只是不具备足够的财力。因为居斯塔夫时常受个人生活所迫，问父亲索要一些额外的开支，并为此感到局促不安。活力四射的杜·康犹如一个理想的范本，他拥有着一些出色的朋友，各处左右逢源，衣着非常入时，参加的晚会一波比一波令人心荡神移，当然，他在女人方面的阅历也很丰富；对于初到巴黎的外省青年而言，完全是一个可以追随的典范。无论如何，这正是马克西姆渴望在福楼拜面前扮演的一种角色，强势威严，同时又精力充沛。如同当时受到阿尔弗雷德·勒·普瓦特万的庇护那样，居斯塔夫如今置身于这个男人的羽翼之下，他如此热爱生活，也懂得让别人迷恋上自己。杜·康心智敏锐，有很强的判断力，以他的观察，很快就意识到，福楼拜身上潜藏着一种智慧的特质，尤其具备一种极为过人的敏感性。他时常赞扬福楼拜那惊人的记忆力，并一再鼓励他去从事写作。

两个男孩儿保持着通信往来，信件内容像是正在热恋中的情书，几乎带着情欲的味道。福楼拜在小说中描述过如此众多的爱恋情感，在私人生活中，他对朋友的感情表达比对情人的倾诉更为炽热汹涌。1834 年 8 月，小居斯塔夫年仅 12 岁，从几年前开始，他就对埃内斯特 · 舍瓦利耶付出了狂热的激情，并全身心地陷入其中，甚至在给他的信中写道："回来，回来吧，我生命中的生命，我灵魂中的灵魂。"他还特地找人做了一枚指环送给埃内斯特，指环上刻有他俩的名字。中学的那几年里，对埃内斯特的激情逐渐消退，第二段伟大的友情故事占据了他的心灵，也就是与阿尔弗雷德 · 勒 · 普瓦特万的真挚友谊。1848 年，在阿尔弗雷德死后，他写信给阿尔弗雷德的妹妹洛尔·德·莫泊桑："我觉得，我从未像爱他那样爱过什么人（无论男女）。"1845年4月15日，法国南部旅行途中，他对阿尔弗雷德写道："在尼姆的古罗马圆形剧场，以及加尔桥的拱孔下，我依然牵挂着你；也就是说，在这些地方，我对你的渴慕源自一种奇特的欲望；因为远离对方时，我们的身体里会有一种漂泊、茫然、残缺不全的东西。"唉！尽管他俩分享着年少时真挚的情感表白（1843年6月7日，阿尔弗雷德对他写道："我们差不多像是同一个人，而且我们在同一个生命中存活"）；尽管阿尔弗雷德自己也打算献身于文学创作，他还是在1846年决定结婚，被抛弃的男友居斯塔夫对此表现出了异常的嫉妒。当时，他出于怨恨，将阿尔弗雷德寄来的几乎所有书信都付之一炬。以相同的方式，福楼拜与杜·康也将销毁彼此青年时代的通信，信件内容也必定是充满着炽烈的情感。因为1877年3月的同一个夜里，两个男人不约而同地（按照马克西姆·杜·康运用的字眼）

“毁掉了那些篇章，里面曾流淌着他们灵魂中的精华”。1844年，马克西姆第一次去南欧长途旅行。福楼拜把他寄来的信当作旅行日志来阅读，还小心翼翼地编上了序号。这些信件被保存着，从中能隐约感觉到连接两个青年人的情感强度。1844年5月15日，马克西姆写了第一封书信，从那时起，他就表达了炽烈的激情：“你，我爱你，我爱你，拥抱亲吻你，直到让你窒息”，隔了几行，又补充道：“我亲吻你那双美丽的大眼睛！”几个月后，在1845年1月8日的信中，他的情感并没有消退：“永远别忘记，我尽自己一切所能在爱着你。”如同对待埃内斯特·舍瓦利耶那样，福楼拜与杜·康交换了指环。关于那互赠的时刻，杜·康后来回忆道：“那是一种婚约。”这已然不再是儿童的游戏了，在他们的精神世界里，这个互赠仪式被赋予了重要的意义。甚至在阿尔弗雷德·勒·普瓦特万和马克西姆·杜·康之间存在着一种强烈的嫉妒之情；谁都想排除对方，独自占有居斯塔夫。大约18岁时，居斯塔夫在记录私密的笔记本中写道：“有一段日子，我们想要成为女人……那是肉体在叹息，在燃烧。”对于一个年轻人来说，这可能是非常令人吃惊的想法，没有人能确切地总结出其中的意味。从 1849—1851 年，当他与马克西姆·杜·康一起去东方旅行时，两人做了某些体验，但居斯塔夫谈起此事总带着某种冷漠，整件事也很少被提及。“因为我们聊了聊‘博达切’，这就是我所知道的。”我们非常迎合这里的嗜好：我们承认干过鸡奸的勾当，并在聚餐时对此事津津乐道。某些时候，稍稍矢口否认一下，接着所有人都会来谩骂你们，最终以承认做过那事而收场。旅行是为了增长见识，也肩负着政府的一项任务，如同上命所派，我们也考虑着让自己放任在这种射精的方式中，把它当作来到此处的使命。这种时机几乎没有出现，然而我们一直在寻找。”（1850 年 1 月 15 日，寄给路易·布耶的信）这几乎是东方旅行中必不可少的篇章，乳香、热水浴、香油、提供按摩的小男孩儿。这种写作方法充斥着毫无理智的赞扬，终极式的宣言和自由放任的牢骚，而这种风格是福楼拜书信的一大特色，贯彻在他所有的通信中。1842 年 11 月末，他在给妹妹卡罗琳的一封信中以这种奇怪的方式总结道："永别了，小宝贝，我疯狂地拥吻你，强烈到喝下自己的鲜血。"（福楼拜自己做了加重符号）若不是这种写作方法，人们会因此遐想，在他们的兄妹手足之情外，仿佛还存在着爱情。青年福楼拜有诸多的荒唐行为，他想要被人爱恋的蛮横需求，他有着难以克制的想要遣词造句的欲望……这些都促使他变得相当浮夸，他会在书信的落款很自然地写道："我亲吻你的包皮"，"我鸡奸你"…… 1843 年 2 月，福楼拜与青年杜·康的相遇，将促进他们这种骚扰人心的迷恋。两个年轻人有着本质上的共同点：文学、阅读。当然，还有更深入些的东西，投身于创作中。

因为马克西姆 · 杜 · 康有着一种与福楼拜相同的

野心——想成为作家。从青年时代起，他就开始为之努力，创立了一个文学小团体，福楼拜也是其中的一员，他在拿破仑沿河街的公寓里时常聚集着文学社员，在他的《文学回忆录》中，这些往事肯定被添油加醋地修饰了一番。他尤其善于经营各种关系，为自己建立起一个重要的文学关系网，以便日后能帮助自己进一步发展，当时机成熟时，作品能被发表、阅读，更有大批记者不惜赞美地评论。总之，作品能被出售。那就成功地达到了目的。年仅 30 岁，他成为了荣誉勋位团军官，几年后，又被选入法兰西学院。与福楼拜相遇时，他正值年少，坚毅果敢的性格给居斯塔夫留下了深刻美好的印象。福楼拜正好也决心投身文学写作，但他并不确定，自己身体里是否有那种内在需要的力量，从而让他相信自己的写作天赋。毫无疑问，在一些时候，他在马克西姆身上找到了这种力量。1842 年 1 月末，他刚鼓足勇气，投入到法律学业中，而以下这些是他写给昔日的文学教师古尔戈 - 迪加宗的文字，这位教师曾热情地鼓励他投身写作：“一种念头每时每刻都涌向我，如果我在做学业笔记，会把笔从我手里夺走的；如果我在阅读，能让我分神的，让我回避课本内容的，都是我的那个旧爱，那个一成不变的想法：写作！这就是为何我无所事事，尽量早起，比以往任何时候都更少出门的原因。我已经到了一个决定性的时刻：必须前进还是后退，所有可能都为我呈现在面前。一个生存或死亡的问题。”

一个生存或者死亡的问题？如果说刚过 20 岁的青年福楼拜不惧怕说出惊人的语言，那是因为他知道自己想要什么，他一直向往着（写作），这种渴望从他记忆所及之时就已存在了。极少数的作家对自己的使命感会像他那样早熟、那样坚定、那样强烈地去捍卫。从他第一封公布的书信开始，他就建议朋友埃内斯特写一些故事来自娱自乐，而起草这封信时，他只有 9 岁。却已然有了叙述和写小说的渴望。由那封信开始，他从没有停止过写作，尽管他对写作永远有着尖锐挑剔的批评，也正因如此，他无论任何情况下都会抱怨自己没有能力写作。此外，身为小说家的福楼拜最令人吃惊的悖论之一，就是写作缓慢而艰难，这为他迎来了一个“罕见作家”的名誉。在为期 40 年的文学生涯里，他只出版了 4 部长篇小说：《包法利夫人》（1857 年，出版时作者 36 岁）、《萨朗波》《情感教育》和《圣 · 安东的诱惑》，其中还应该加上《三故事》，当然这只能算是短篇集，还有他在 1880 年去世前没有时间完成的《布瓦尔和佩居榭》。对一个从幼年开始写作并尝试过各种文学风格的人来说，这些确实显得太少了。因为福楼拜在灵感的驱使下，故意限制快速写作的能力，能让自己有时间反复揣摩语句，有时会花上几个小时，仅仅为了移动一个词语或删除一个动词。他还有许多写作计划，并为之写出了纲领梗概，但都没有最终完成。为了专心塑造艾玛 · 包法利，他放弃了《与唐·璜的一夜》；为了完成《布瓦尔和佩居榭》，他把一个拿破仑三世统治时期的讽刺故事束之高阁。或者还有一个怪异的幻想小说也被搁置了，他本想为它取名为《螺旋》，描写一个人几乎自愿地陷入疯狂状态。他对主题和风格并不抱有那么多儿时的成见。

小居斯塔夫刚学会说话，他的邻居米尼奥老先生，即埃内斯特·舍瓦利耶的外祖父，就来为他阅读《堂吉诃德》。这仿佛是一种启示；他把一些章节整段整段地记在心里，背诵给周围的人听。过了不久，他脑海里只有一个念头，写出属于“他”的堂吉诃德。1831年年初，他列出了自己第一份小说题目单，并期望能出色地完成作品：《美丽的安达卢西女人》《假面舞会》《卡德尼奥》《多罗泰》《摩尔女人》《好奇的粗鲁人》，或者还有《谨慎的丈夫》。“一个塞万提斯的书迷”，同时揭示了小男孩儿创作灵感的来源，但又无关紧要，他的内心已经对文学充满了无限的激情。父母常带他去剧院看戏——鲁昂是法兰西王国最富有的城市之一，由于靠近巴黎，最著名的演员都会来此做巡回演出。他对舞台产生了强烈的激情，写起了喜剧。父亲的子弹房恰好闲置着，从此以后那里就变得非常热闹。他把大箱子推到墙边顶住，这就算做戏台；在箱子对面放些椅子，这就是一个戏院；他妹妹卡罗琳缝了几件衣服，她就是剧院服装师；埃内斯特制作并更换了几小截布景，他就是制景师；卡罗琳和埃内斯特与他一同演戏，他们就是演员；他父母和一些邻居来看他们演出，这些就是观众；他自己撰写稿本，变成了作者。这也是他人生的第一个雄心壮志，这种勃勃的野心占据着整个青年时代——成为剧作家。在 1840 年的私密笔记本里，他极为真诚地说道："当我 10 岁时，已然梦想着荣耀，而且从我会写字开始，我就已经写作了…… 我梦想着一座五光十色，金碧辉煌的剧院，人们的双手在鼓掌，嘴里在尖叫，在赞扬。人们呼喊着作者，作者，作者，那就是我，就是我，我的名字，我，我，人们在后台走廊里找寻我、在演员化妆间探访我，人们欠身来看我，幕布升起，我走向台前，多么令人陶醉啊！”他永远没有获得这种成功。他生前唯一被搬上舞台的一部戏剧名叫《候选人》，结果惨遭失败，他与朋友布耶、奥斯穆瓦合著的《心之城堡》也遭到剧院方的拒绝。在戏剧创作方面可谓毫无成功可言，然而，从某种意义上说，他放弃了这一领域的尝试，不再寻求荣耀，而将小说叙事的艺术放在了首要位置。9 岁时，他还远没有如此高的创作憧憬，随手写了一篇名叫《高乃依的颂词》的习作，也许这只是学校布置的一份作业，作品却受到了极大的好评，被人们用书法字体抄写出来；他还努力尝试过一部通过编纂整理而成的，并非原创的作品，名叫《著名便秘的美妙解释》，这故事是一篇有着科学议题的戏仿之作，人们可以从中辨别出源自于他父亲的影响，他本人也自娱自乐地把这故事说成是“传承之作”。

从 12 岁开始，在福楼拜身上，能够明显察觉到历史教师皮埃尔 - 阿道夫 · 谢吕埃尔开始对他产生影响。1831 年，这位米舍莱的弟子只有 28 岁，刚在鲁昂成为教师，却让居斯塔夫疯狂地迷恋上了历史。他带这位学生去凭吊历史原址，那些地方曾发生过重大的事件；他还激励居斯塔夫去撰写一些历史题材的作品，这部分习作变成了不少短小的故事，都是对重大历史场面的叙述，有时中间夹杂着虚构的成分。当时，居斯塔夫还迷上了一位非常年轻的作者，名叫亚历山大 · 仲马（大仲马），他醉心于法国历史上的著名人物和剑客小说，而现在人们已很难列举出他当年所有那些不成功的或已消失了的写作计划。然而，那些叙事习作的标题让人浮想联翩，正如它们也曾使得居斯塔夫魂牵梦萦一样：《玛格丽特 · 德 · 布戈涅之死的最后场景》《戴屈伊夫人》《吉斯公爵之死》《十世纪诺曼底传闻》，或者还有《西班牙国王：谨慎者菲利普的一个秘密》。然而，这些都是一个学生为了自己开心，把课堂作业重新拿来加工，改写成类似小说的文章。将近 15 岁的时候，他最后一个历史短篇小说《佛罗伦萨的鼠疫》摆脱了对事实描摹的强行限制。从此，福楼拜不再是一个戏仿他人的抄袭者，也不再是一个历史演义家，而是真正开始创作起了虚构的叙事作品。

写作，非常好；被阅读，就更棒了。只有学校教师的评价显然不能满足居斯塔夫，他梦想成为剧作家，作品被搬上舞台，在上百位观众面前上演。他还创立了一份杂志，名叫《艺术与进步》，他自己是唯一的撰稿人，杂志在中学里发行。他利用学习的时间完成杂志的编写工作，每天早晨从 6 点忙到 7 点。自己起草文章，自己排版，再由自己誊抄。一个人干完所有的活儿。他耐心又坚定地等候着属于他的时刻，他等待着一切就绪。编订一期杂志的准备工作需要花掉他几个星期，甚至几个月的时间，而同学们只会花几分钟来阅读这份杂志，这无关紧要，他从中感受到的乐趣就是对所有辛劳的补偿。在课开始之前，这位亢奋的学生向全班同学分发他的纸页，然后密切窥伺着同学们的眼神，还有他们交流的话语。他十三四岁，敢于被人嘲弄，敢于被当作笑柄。因为他把自己整个青春的灵魂都灌注在了这本杂志中，在排入版面的第一篇文章中，他就表明了自己对生命的重大疑问。这篇随笔的题目是“地狱之旅”，文章描述了撒旦的试探，有一个感觉麻木的人， 对什么都腻烦失望，魔鬼向他展现了世间的奇观。这个迟钝的人也希望重新燃起激情，最终找到一些能让自己惊叹的事物，他要求撒旦带自己去看看下面的王国。堕落的天使回答他，他刚才已经看到了，因为“世界，就是地狱”。福楼拜14岁时就已然是个反叛的孩子，无法忍受现存的秩序、权威和正统的道德规范，他招引着自己班级陷入一场小小的骚乱，以此反抗中学管理。1842年4月，时年20岁的他对一个朋友说道：“那些慈善家和道德家的恩惠：两个少年死在了鲁昂，在一所感化院里，由于一种过于怪诞的惩罚，它让人连续几天在一个钟楼房里保持直立（也许为了让他们明白时间多么宝贵）；他们犯的错误无非是在课堂上笑了几声，只是因为‘笑的过错’！”

他将自己的整个生命指定为“一种不满”。就像被流放者违反放逐令那样，他的人物从不遵守法则规范：他偏好的主题总在揭示不公正的事物。在1837年末的一篇《激情与道德》中，当他谈论一名奸妇时，对那个背叛妻子的丈夫不屑一顾、不置一词；而那位奸妇，她才是女主角，她是作者想要使其招人怜爱的对象，正如20年后《包法利夫人》的例子一样。就在一年半之前，他对《一种可闻的香水》中的杂耍团产生了浓厚的兴趣，尤其令他着迷的是其中一个妇人。她的丑陋尽人皆知，常能吸引人群的注意力。她极度绝望，以至于跳入水中，自溺而亡。随之而来的是一段细致的描写，刻画了被打捞起来的女尸：“人们刚从水中捞出一具尸体，它被放在停尸房里……几只苍蝇嗡嗡地在四周飞舞，来舔食她微张的嘴边凝固的血迹，她肿胀的手臂呈青蓝色，上面覆盖着一些黑色的斑点……叫人作呕的腐臭从这具残损的尸体中发散出来，令闲散的行人避之犹恐不及，却吸引了两名医学界的学生。”在这个 15 岁的男孩儿身上，可以意外地发现一种十分明确的特质，一切都来自于真实的观察。他是外科医生的儿子，从小在病人与尸体旁长大。1818 年，离居斯塔夫出生还有 3 年，他父亲携全家安顿在了市立医院的一所公寓里。家里的餐厅与父亲的手术室之间只有一墙之隔。居斯塔夫常与妹妹卡罗琳一起爬上园子里的葡萄架，透过窗子，偷看那些等着被搬运走的尸体。这正是他大多数写作计划中的共通之处，即谈论痛苦、衰老或者死亡这类主题。一种强势又隐秘的悲观主义推动着他去描写人类的命运，而他把自己说成是“以死的欲望为伴的出生”。因此，他的“不满”首先来自于这一主题，来自于这种无法逃避的死亡。从幼年开始，他就感到死神选择了他，决定在他身边徘徊。

他对死亡主题的兴趣随着成长而越发强烈了。1836年，他写了一篇《狂怒与无力》，其中有一个医生，由于工作疲劳过度而陷入了昏迷状态。同事们宣布，他已死亡，并为他举行了葬礼。坟墓中，他苏醒了，尽管竭尽了所有的努力，他仍没能逃脱死亡的命运。残酷的福楼拜让这种挣扎的过程延续得很长很长，当医生最终打碎棺材时，崩坍的泥土倾泻下来，使他窒息而死。这类“对活埋的焦虑”常出现在他青年时期的作品中。后来他自己也承认，在那个时代，他受的影响来源于一个怪异的文学团体：“布桑戈派”。这流派中的青年人都是极度浪漫主义的崇拜者，作品中尽力炫耀被死亡萦绕着的心灵。1835年，当福楼拜还热衷于在书桌上放一颗父亲那里弄来的人头骷髅时，

“布桑戈派”中的一位名叫拉博的作家发表了一部文集，题目为《被诅咒者的地狱》，还有一串副标题为“哀悼、痛苦、呻吟……”

福楼拜幻想着厄运和极端怪异的事物，他之后的一篇习作比其余所有的作品更能凸现这一倾向。作品的题目为“*Quidquid volueris*”，被译为“你们向往之所有”。作品中，他塑造了“德亚利奥”，此“人”是一个黑人妇女被猩猩奸污后怀孕的产物。社会学家和上流社会的学者支持这个孩子的降生，并把他带到了巴西，为了能在自己家中研究“他”。德亚利奥受到了教育，逐渐超越了动物的状态。然而，学者忽视了一点，年轻的妻子不可避免地对德亚利奥产生了致命的诱惑，而她自己并不知情，完全是无意中的结果。这头人兽再也无法抵御住贪婪的情欲，“他”先杀死了主人的儿子，以残暴的方式强奸了主人的妻子后，把她也杀害了。随后，“他”由于自己的罪行陷入了绝望之中，猛然冲向了壁炉边缘，把自己的头骨撞得粉碎。今天很难想象，如此一个剧本居然写于1836年，而且出自一个15岁的青年人之手。事实上，青年的福楼拜并没有表现得那么富有原创性。19世纪初的文学正是此类幻想传奇故事类型的滥觞之始：埃德加·艾伦·坡已经发表了他那些离奇古怪的故事；戈蒂叶刚刚完成了《多情的死者》；霍夫曼写出了《魔鬼的灵药》；马修·格里高利·刘易斯拥有《僧侣》。这些作品重新创造出一种蒙上了魔鬼崇拜色彩的基督教。相比其他的文学类型，孩子们更热衷于这种疯狂阴郁的故事。正如晚些时候其他读者迷恋上科幻作品那样，幼年的居斯塔夫酷爱此类血腥暴力的故事。其实，这正是最令人惊奇的地方，这类文学冒险与《情感教育》或《包法利夫人》来自同一个作者。然而，如果人们细加探究，将会发现他15岁写的作品与成熟期的杰作之间有着一些相似之处。初次创作时，年轻人唤回自己亲历的情感，唤回他所体验过的内心冲动，而不仅仅是在虚构。由于有着青少年时期的笨拙，他试图诠释自己那全新又隐秘的激情，而激情的对象便是认识不久的美人埃莉萨·施莱辛格。几乎可以说，他把自己描绘成一个愚昧的半人半猴的生物，时而把父亲乔装成一位名流学者，掌握着知识，时而把莫里斯·施莱辛格改扮成他的情敌，拥有着他喜欢的女人。而他再一次让自己置身于被压迫的一方，因为阅读这篇小说时，读者只会对德亚利奥产生怜悯和喜爱，“矮小、瘦弱、体衰”，但“他”的内心却巨大辽阔得像海洋。而“他”的主人保罗被描写得像“另一头野兽，或是文明的奇迹——精神高贵，而内心冷酷。”

在青年时期，福楼拜完全不像后来那样逼着自己进行慢速克制的写作，相反，他马不停蹄地创作着。1837年4月，他在《地狱之梦》里又一次让人类与撒旦进行对话，这次主角儿是一个年迈的炼金术士，当修成了不朽之身时，他失去了人性。1年后，他又写出了《临终》和《死者之舞》，两篇小说的成文时间只相隔1个月，作品中，他得意地展开了自己对死亡情结的阐述，以及对人类状况之苦难的探讨，其中比较新颖的是关于世界唯物主义的观念。不久以后，福楼拜将成为哲学课堂上最出色的学生。这是一个聪敏伶俐的青少年，时常在思考，而且思考得很多，他探寻生命的意义，生命的起源，以及人类的命运。他时常独自来到诺曼底那片清新湿润的草地，有时由阿尔弗雷德·勒·普瓦特万陪着，他会花几个小时在那里漫步；有时，他躺在地上，凝望着天空中飘过的浮云，内心思考着，在这些浮云以外，天空是否还包含着什么其他的东西。整个青少年时期，纠缠着他的重大问题就是上帝。当然，他是天主教的信仰中长大的，但这种信仰并不强烈。他的父亲是一位饱学之士，深受启蒙主义的熏陶，更像是一个不可知论者。因此，他不参加主日礼拜，对那些神职人员也敬而远之。福楼拜的母亲本应是一位比较虔诚的基督徒，但她更加信奉丈夫的主张，因此从来不会把自己的信仰强加给儿子。与所有那一代人和那一种生活环境中的孩子一样，他接受了一个男孩子理应接受的全部圣事礼仪。受洗礼和领圣体当然是必须履行的，但没有更多，也没有更少，就是说，没什么强加的先入为主的影响，没什么让他认为自己应当盲目地信从宗教。然而，正是他自己在整个青少年时代都反复思考着信仰的问题。

从法国大革命以来，天主教意识，特别是教会的影响力犹如潮起潮落。在福楼拜的青年时期，宗教的教诲重新在教学中站稳了脚跟。虽然他从未在一所神职人员掌管的中学求学，重夺王位的教权意识还是对他施加了影响。在他的精神思想里，始终萦绕着善与恶的问题，而复辟的教权本应在其中找到一块接受真理的有利领地。“我认同，耶稣基督曾经存在过，而且，我认为耶稣受难的奥义是世间最美妙的东西。这些观点都是从何处而来的？”他在私密笔记本里暗自惊讶道。事实上，他所喜爱的是新约叙事在美学方面的特色，面对天主教仪式的奢华，他欣赏的同时也觉得有些可笑。在他的信仰里，还有一些泛灵论者的思想，他觉得，在大自然中，有一种至高无上的力量，使他确信并断言：“美是神授的”，在大自然的完美中，他能感受到，这种美就像在确认，有一些事物在主宰着万物的和谐。他把这种直觉当作一种宗教启示，在1842年7月敲打他灵魂的启示，他把这种神启移植到了《十一月》中。7 月初，当教授禁止他参加法律考试时，这位年轻的大学生立即逃出巴黎，前往特鲁维尔与家人团聚。驿车把他带到了蓬-莱韦克，天色将晚，但要赶到特鲁维尔还有十来公里的路程。他不愿去旅馆住宿，决定一个人徒步行走。将近凌晨 3 点，月色迷蒙，苍白的微光笼罩在田野上，他吸着带着咸味的海水气息，接着，那种神奇的力量突然间满溢地、完整地向他显现出来。“上帝的灵光充满了我，我感到自己的内心跌宕起伏，宏伟壮阔，我热爱那一种奇异的、涌动着的感觉…… 而且，我被一种丧失理智的喜悦所占据着，我迈开步伐，仿佛上天赐予的幸运都进入了我的灵魂…… 于是，我懂得了创世的所有幸福，以及上帝为人类放置在世间的所有喜悦；大自然向我展示的美仿佛一种完整的和谐，唯有陶冶在其中，方能领悟到。”阅读了这几行文字，怎么还会怀疑青年福楼拜的信仰呢?

他也想不去怀疑自己的信仰，但在文章中他几乎是立即补充说：“也就是这些了；我很快就回忆起我还活着，‘我’又回到了自己身上，开始迈步前行，感觉到厄运重新占有了我，我回归到了人性中……”无论教会如何宣传宗教意识，上帝存在的问题对于他而言，已经通过一种否定的方式回答了。大约 17 岁时，他在《临终》里写道：“他如此悲伤地想着，人死后一切都没了！哦，不！快，一位教士！一位教士对我说到，向我证明，使我相信，人的身体里存在着灵魂。”但没有什么能说服得了他，在他体内理性与直觉相互对立。如果说有些时候，他感受到有一种至高无上的实体仿佛在操控人类命运，那么，有一次他放任自己的理性去扼杀直觉：“人们经常谈论起神意和上天的仁慈；我几乎不明白，有什么理由可以去相信这些。那个上帝仿佛很乐于试探人类，为了看看人类究竟能忍受到何种地步，那不是残忍愚蠢得如同一个孩子，明知道金龟子会死，还要先拔掉它们的翅膀，接着是脚，然后是脑袋，跟这等残酷的幼稚有何区别？”由于深受阿尔弗雷德·勒·普瓦特万的影响，福楼拜委身于一种彻底的唯物主义哲学中，他本想沉醉在其中，却体会不到丝毫的乐趣。一点儿不错，他委身其中，但并不享受，能感觉到他在强制自己，为了显得很有脸面，如同他讲述那些本没有遇见过的妓女一样。他写过两个短篇小说，大书特书饮酒的乐趣。一篇较为阴郁讽刺：《醉与死》，写于 1838 年 6 月，小说中的两个男子互相挑衅斗酒，直到其中一人醉死当场。人们在文中能读到：“从皇帝到乞丐，从公主、贵妇到站街卖身的妓女，难道会有一个按照上帝形象创造的灵魂不熟悉一杯美酒的甘甜吗？”另一篇是名为《马杜翰博士的葬礼》的叙事故事。这位重病的老人决定在没有痛苦的情况下自行了却此生，他聚集了身边最亲密的两个朋友，准备举办一场盛宴。这篇小说并非为乐天随和的人唱颂歌，而是对那个时代的教会发出一次真正的挑战，当时教会不但禁止自杀，而且不准许以如此姿态来冒犯所有的葬礼和基督教仪式。此外，福楼拜毫不畏惧地把自己的男主角埋葬在了一片树林里，依据死者生前所表达的愿望，丧礼既没有宗教机构参与，也没有世俗权威干涉。

福楼拜通常都不假思索地相信自己的梦境，为什么这一次会情不自禁地运用起了科学精神？这种科学精神正是他经常批评父亲不信上帝的借口。也许是因为对死亡的那种露骨印象已然镌刻在了他的身体里，是因为他在孩提时期已然看见过太多医院里的苦痛，而他在那里活着是为了以最微弱的理由来荣耀上帝。他有一段对尸体的描写，生前是一位大人物，掘墓人把那具尸体搬来移去，毫无尊重可言，就像处理一段普通的腐肉一样，他借此机会给灵魂下了一个定义："这股从尸体中飘出恶臭味。"然而，他本应该热衷于信奉宗教，否则也不会反复撰写那些神怪幻想故事，还时常把魔鬼搬请出来，并想象着一个神明存在，但这些创作都未获得成功，随着他年华老去，就变得越来越倾向于无神论，尽管某些时候他感觉自己触及到了另外一种事实。1839 年 2 月，他只有 18 岁，宗教方面的命运似乎已经定下了基调："我们那污泥和臭屎组成的身体，身体里那些本能比邋遢鬼和顽童更低下，我不能相信这样的身体能锁住纯洁的、非物质的东西"，他在给埃内斯特·舍瓦利耶的信里写道。1846 年，他刚参加完侄女卡罗琳的洗礼仪式，就给马克西姆·杜·康写信："凝视着所有这些为我们准备的毫无价值的象征标记，我像是参加了一场遥远的，仿佛刚从尘土中挖掘出来的仪式。"他对宗教问题并非因此就下了定论，相反，信仰问题终生占据着他的精神思想，而且他始终以一种文学的观点来思考神学。在他完成的最后一部长篇小说《圣·安东的诱惑》中，神学问题浮出了水面。他于1874年将这部书出版，青年时代，关于上帝存在的那些悲伤而反叛的问题已经过去36年了，距离他最早关于人类与恶魔对话的随笔创作也已经36年了。

青年福楼拜的身上充满了写作欲望，且带有一种明确的愿望：在私密笔记中的写作不是为了自得其乐，而是为了出版。他的梦想在1837年2月12日首次实现，再次圆梦是在3月30日。2月，他出版了《书癖》，那是一个短篇小说，描绘了一个巴塞罗那的书商，由于爱书变得疯狂，甚至任由自己因偷窃而被判处死刑。因此，借助一种对书的热爱作为特殊的宣言，福楼拜悄悄地进入了文学的殿堂。作为第二部出版的著作，并非是他那诸多幻想短篇中的一篇，而是一篇研讨风俗的文字，文体上更像一种以描写为主的滑稽模仿。其中的描写部分能在巴尔扎克的小说中找到雏形，而这位现实主义小说大师正是他的灵感来源。那个“男孩儿”又突然出现在这篇《自然历史课，受损的类型》里，故事中，他喜爱素描那些商业旅行者，仿佛勾勒一种动物一样。“这伙计在 36~60 岁之间，他矮小、肥胖、粗俗、冷漠；他有一只鼻烟盒，号称‘马尾辫’，一顶棕红色的假发，几副银质的眼镜，为了在办公室里使用，还有一块鲁昂特制的手帕。他经常吐痰，当你们打喷嚏时，他会对你们说：‘上帝保佑你们。’随着季节的变化，他忍受着各种脱毛脱发的病痛。”人物特点明确而清晰；他也预先透露出福楼拜未来小说中的众多人物，以及作家三言两语就能勾勒出人物性格的笔力。

这些短篇小说发表在一本叫《蜂鸟》的文学杂志中。的确，阿尔弗雷德·勒·普瓦特万动用了他的影响力，让出版变得容易许多。当然，杂志的发行局限在鲁昂地区，他的声名也并未远播。但这毕竟不再是他自己分发在中学里的小报，那时他刚满 15 岁，得到的喜悦自然是无与伦比的，在朋友中，极力炫耀着自己的幸运。他却不知道，为了体验下一次出版著作的乐趣，他将足足等待 20 年。这段激情时刻过后，他陷入一种气馁消沉的状态中，甚至准备彻底放弃写作。他对自己写的文字从不满意，在自己有十足的把握之前，绝不肯把作品推荐给出版社。怀疑心侵蚀着他。“关于写作？我十分肯定，我永远不会叫人印刷或呈现我写的东西”，1841 年年初，他向埃内斯特如此说道。另外，一年前，他在私密笔记本里写道：“咳，咳！我觉得，到了 18 岁，我本应该已经完成了几部杰作，我对着自己喝倒彩，感觉无地自容，失去了尊严……我将永远是一个羞耻的蹩脚作家，一个悲惨的虚荣者。”事实上，他永不停歇地从一种狂热的状态过度到一种沮丧的状态中。因为他也会表现出对自己的天赋非常确信，并流露出一种叫人生气的自负；这些是他借《狂人之忆》里叙述者之口说的：“同事们看着我，带着冷笑。这帮笨蛋，他们还取笑我！

他们自己是这么懦弱、这么平庸，思维这么狭隘 ——而我呢，在灵魂所有内在的感悟前，我的思想沉湎于创作的范围中，迷失在所有的诗歌世界里，感到比他们所有人的思想都更高贵，我的精神感受到无限的欢乐，拥有着天堂里的狂喜。我感到自己广阔得就像整个世界一般。”但仅仅过了几天，他又对自己做出评价，并补充说：“我是如此灰心丧气，读了自己之前写的文字，对于继续写作，我感到一种深深的厌倦。一个深感厌倦的人写的作品能取悦大众吗？”大约在 18 岁时，他把这些总结为一条令人感动的自负格言：“我是失败的伟人。”

从那些年开始，福楼拜表现出了一种高度的自知之明。1841 年他在私密笔记本里写道：“我有一种间歇性的精神疾病，昨天我有几个绝妙的工作计划，今天我无法继续下去，我阅读了 5 页英语，但什么也没读懂，这差不多就是我干的一切。我为了写而写了一封情书，并非因为我在热恋，尽管我很想让自己相信那是真的，但是在写时，我相信，那是真的。”的确，在他的身体里，居住着两个如此不同的人，人们甚至怀疑，如果他俩相遇，是否能够友好和睦的相处。20岁时，他时而激情四射，时而垂头丧气，激奋之后，可能就是消沉，他梦想着卓越的功绩、丰厚的财富、如云的美女，随后会突然无法走出屋门，永远那么古怪滑稽，又永远那么忧郁绝望。这种焦虑又不稳定的生存也不是一蹴而就的，可以说，他一直以来就处于这种状态。只是这些症候随着时间的推移而更加突显出来。要探究这种性格形成的原因，必须从久远的历史中去寻找，从他的出生开始，也许还要更早。

福楼拜，首先是一个家庭，甚至可以说，差不多是一个家族。他父亲阿希尔－克莱奥法斯是一位声名显赫的医生；一位社会名流，作为主治外科医生，老福楼拜拥有一个荣耀的职业生涯。他获得了一种远远超越家庭出身的显赫地位。起初，他只是个兽医的儿子。在 19 世纪初，动物医师的儿子能转行成为医治人类的大夫已然非常成功了，更何况他的病人都是些达官显贵，在鲁昂这种级别的城市，能有如此的成就是很出人意料的。然而，阿希尔 - 克莱奥法斯并不满足。身为大医学家迪皮特朗的学生，他向往着更多，向往着更好，向往巴黎。

他在外省的成功应该归功于专业上的实力和过人的智慧。他深入研究，认真领悟，努力模仿，寻求改良。他发明的一些外科手术将被其他同行反复运用。他属于那个时代学者的典范，大自然不再是一个奇迹，而是一个谜，一个等着去解开的谜团而已。他似乎也完成了职业赋予的使命，无论如何，比大多数同行要胜强百倍。他那过人的智慧像是为他打开了一扇通往认知的大门，使他获得了不少奖学金，必然能够（或本应该）为他打开通过首都的大门。但巴黎同行偏爱另一些在社交关系上更有建树的医学家。他常常为此抱有怨恨。老福楼拜出身于一个兽医世家，家族谱系可以追溯到17世纪，他希望孕育出一个医生的家族，其中的某一名医师能为整个家族一雪前耻，因为兽医属于社会中过于底层的行当，无法向更高的社会阶层攀缘。

1812年，老福楼拜的长子阿希尔出生，这孩子谨慎听话，被认为大有前途。他努力听、认真学、细心理解、极力模仿。然而，正如他只继承了父亲的一半名字，阿希尔-克莱奥法斯只把一半的天赋遗传给了他。阿希尔安稳地待在父亲的羽翼下，既没有达到父亲职业素养的高度，也没有尝试改变，更没有将其发扬光大。他会成为医生，然后成为市立医院的院长，就像他父亲一样。对老福楼拜而言，这已然是一个令人满意的结果了。这种满意的心情是他的幼子无法给予他的。父亲向往成为医学世家的始祖，并认为两个

“医生儿子”总要好过一个。居斯塔夫将会让他失望透顶，在这一职业方向上，简直毫无志向、毫无兴趣、毫无天分。因为继承之位早已被人占据了：当居斯塔夫出生时，阿希尔已将近 10 岁；居斯塔夫进入初中时，阿希尔已经开始了医学学业；居斯塔夫临近中学毕业考时，阿希尔已然完成了住院实习。问题甚至不在于长子阿希尔是否表现得像一位更好的继承者，他是唯一传承父亲衣钵的人。由于如此悬殊的年龄差距，兄弟间不存在竞争的可能。自从老福楼拜感觉到自己的幼子不适合学医时，他放弃了努力，强迫他改学法律。由于他无法成为医生，学法律也不过是个权宜之计。

在居斯塔夫与他的长兄之间，有着 9 岁，差不多 10 岁的差距，他俩之间没有其他的兄弟姐妹，这意味着很多很多。因为福楼拜的父母有过 3 个夭折的孩子：就在阿希尔之后，居斯塔夫之前，还生养过 1 个女孩儿和 2 个男孩儿。3 个都过早地夭亡了。第 3 个孩子朱尔死于 3 岁，居斯塔夫当时只出生 6 个月。而他自己也不算是个健康的婴儿。他父亲为了以防万一，在雇人挖掘他哥哥的坟墓时，顺便也为他预备了一个。他母亲陷入了一种极度的焦虑之中，因她原本是家里的独生女，而她的母亲在生养她后便撒手人寰。“伴随着对死亡憧憬的出生？”青年福楼拜的这样一句话仿佛更容易被人理解了：在他身边，两个哥哥和一个姐姐都死了，甚至其中一个跟他同时接受着母乳的喂养，那么，为何死神没有降临在他的头上呢？母亲没有杜绝儿子的这类想法，她也确信，小居斯塔夫将要死去。当然，她尽力挽救他的生命，无微不至地照料着婴儿，但她准备着他即将来临的死期，拒绝为他设想一个未来的图景，只是一味地溺爱他。这个孩子感到孤独，封闭在自我的空间里。他觉得没人喜欢自己，进而想象自己不配受人怜爱，最终他也不再自珍自爱了。这种自我放任并非一种对自己的憎恨，而是一种厌倦，没有能力找到任何提得起兴致的事物——包括他自己本身，青年福楼拜将永不停息地哀叹着这种极端的厌倦之情。而未来青春期的矛盾心理也由此出现了：他无法相信自己能引起别人的注意，对自己十分俊美的相貌仿佛熟视无睹；同时，由于性格孤僻，他觉得自己与其他人没有任何可比性，既不比他们高贵，也不比他们卑微，只是不同而已。在某种意义上，这已然是一种十足的优越感，同时夹杂着上天降临的恩宠与不幸，是艺术家特有的禀赋，是艺术家在超凡脱俗的孤独中所享有的境遇。在将自身的境遇转化为艺术创作，选择一生从事文学之前，他渴望打破这种孤独，忽然之间，那位同窗出现了，那挚友甘愿承受一切情感的表白，承受一切为了友谊的牺牲，为了被他所珍视的人们爱慕。也甘愿承受一切的疯狂，即他为了讨好奉承周围友人所演绎的“男孩儿”的疯狂。因此，他体内同时居住着两个福楼拜。一边是那个爱吵闹的学生，吹嘘着自己在妓女身上的种种体验，花样百出地玩弄同音异义的文字游戏，还编写着一些淫秽笑话，总之，那是一个热爱生活的年轻人，甚至可以说，他被生活所恩宠；另一边是那个焦虑不安、沉默寡言的男孩子，躲避在自己那些十分阴郁的哲学故事里，从中探索着那些与死亡邻近的地带。对他而言，所有这些显得难以用语言表达，正因如此，才有必要在这种内省中细细地寻找，寻找他与众不同的原因，以及如此强烈的写作欲望，一个作家穷其一生沉浸在这种内省之中，随后又为之战斗，只为讲述那些与他无关的故事，然而，这种内省又如此强烈，如此明显，可以借用他的一句话予以说明，而这句话他自己也心存怀疑，从未公开宣布过，那便是："包法利夫人，就是我。"

目前，这位作家尚未成熟，还不会与自己内省的欲望搏斗，恰恰相反，他很愿意承受这种欲求带来的影响。18~22 岁之间，他的写作节奏显得减弱了不少。考试压力变得更加沉重了；先是中学毕业考试，随后，法律口试让他致力于写作的时间变得微乎其微。然而，在另一个范畴里，他此时的文章比以往的作品更为丰富深广。年轻人更多地把自身经验融入作品中，脱离了遥远的历史叙事，遗弃了略显平淡的、形而上学的高姿态，只为迎接降低自我的挑战，以及寻找文学的素材。如果除去一路旅行直至科西嘉期间所写的笔记，他只留下了两部作品：一部名为《狂人之忆》，完稿于 1839 年年初，当年正值中学毕业考试；另一部是

《十一月》，大约从1841年开始起草，为了在1842年完成。《狂人之忆》的整体文风比较冗长，水准似乎低于他先前的多数作品。福楼拜没有经营这篇故事的结构，而是任由灵感引导着叙事的发展。他所显露的意图是以《少年维特之烦恼》为模式来创作一部小说。居斯塔夫刚刚读完这部巨著，小说中，一个年轻人沉醉在爱情中，也品尝着伴随而来的绝望，歌德让他诉说着自己的精神状态。由于两年前与美人埃莉萨·施莱辛格的相遇，为之付出了所有的激情，居斯塔夫阅读这部小说时怀有一种奇特而神秘的感受，仿佛这部小说为他而写。因此，留待他完成的只是编写自己的故事。因为那个拉伯雷式的粗俗青年几乎完全消失了，消失在了浪漫多情的男孩儿身后，他激动万分地陷入热恋，又为求之不得而近乎绝望。然而，这位学徒作家还未曾掌握小说的写作技巧：他任凭主题超越自身，希望成就一种虚构，这种虚构方式不久后将展露出来，成为他个人记忆的叙述，正如他在手稿中加注，以告知阿尔弗雷德的那样：“首先，我打算写一部内心小说，其中怀疑论会被推向绝望的最后边缘，然而，随着写作逐渐推进，通过传奇故事，个人感受显露出锋芒，灵魂摇动着笔杆，碾压过笔尖。”随后，他的兴趣又不自觉地从“维特”转移到了让-雅克·卢梭的《忏悔录》。这种个人化产生了双重效果。由于无法很好地掌握其中的技巧，此类写作让福楼拜有了一种挫败感，在痛苦情感的夸张表达中，他抱怨着，又满足着，最终，他校对文稿时感觉到厌烦无聊。然而，同时另一种东西也显露了出来，他感到，在这种写作方式中，他汲取着自己体内叙事艺术的精华，那里有一种全新的写作乐趣，向他确认了自己本有的观念，这将是他的生活，通过文字阐述自己的所感所想。在《狂人之忆》中，他觉得，有这么一个章节可以挽回整部作品的颜面：与玛丽亚的相遇——即与埃莉萨·施莱辛格相遇的第一次再现式的描摹。那是真正独有的小说场景，铭刻着诗意与雅致的全新烙印。

福楼拜对待写作耐心而坚毅，决定将这部小说视为“首次尝试处女作”，即一次试验，他又启动了一部新作，同样以一种忏悔的语气进行叙事。也就是《十一月》，如此命名，是因为作品中充满着忧郁悲哀，与万灵节月[1]的氛围十分相称。这一次，占据小说大部分篇幅的情节，不再是特鲁维尔城的邂逅，而是马赛的艳遇，与风情万种的厄拉利·富科的交往，内容自然更为情欲澎湃，更为激荡人心。但青年作者尽力使自己的写作与个人生活拉开更大的距离，他增添了几个人物，更多地转移了情景，用第三人称叙述作品的第二部分，以便能够万无一失，确保读者不会将小说人物与作者个人混淆起来。可是，浪漫主义的痕迹在作品中同样鲜明，浪漫派的绝望与理想化女性的形象随处可见。作品中，写作的奇迹还在起着效应，

① 万灵节为11月2日。

他用了一些精确的词汇，以及一种极强的敏感性，来讲述他的第一次，同时，他还在作品里表现出了一种焦虑，唯恐细节不够详尽，这些都将成为他日后的文学特色。随着那个年轻的叙述者，人们再次体会等待、激昂；接着，一旦欲望得到满足，随之而来的就是失望，过了一阵，欲望又重新燃起。文学天赋固然是显露了出来，但遗憾也无法回避，他把才华都浪掷在了一些时代的陈词滥调中，不免使叙事趋于平庸，一个美貌的农妇变成了交际花；一个有钱好色的老头为了自己的淫欲使她腐化堕落，还有些四轮豪华马车、城堡、外省的妓院，所有的俗套一个也不缺。20 岁的居斯塔夫 · 福楼拜正在寻找属于自己的风格，时而有所触及，随后又将其丢失了。他由临摹塞万提斯开始，接着又追随那些喜爱探讨哲理和死亡的恐怖故事作者，例如泰奥菲勒 · 戈蒂耶，或者埃德加 · 基内，他曾想成为歌德或卢梭，而现在的这部《十一月》里，他对夏多布里昂的模仿几乎到了抄袭的程度。当然，他也因此陷入了前所未有的绝望之中。在最后几页中，他又展示了那种特殊的才能，即用超越自身范畴的方式来评价，或者更确切地说，来贬损自己的写作，他写道：“这么一个人，总在犯错，整日不知所云，还滥用称谓。”他永远成为不了作家吗？他在怀疑，阅读这一时期的书信，几乎可以相信，他放弃了写作。他感到，自传式小说对他而言将会是一条死路，从 1843 年初，他转向了另一种小说类型的创作中，但几乎立即放弃了努力。法律学习耗尽了他的精力，窃取了他致力于写作的时间，正如他必需备战中学毕业考试，暂时丢下文学创作那样。这是一个无法解决的问题，他找不到对应的良策：1843 年 8 月，他未能通过考试，无法升入三年级继续他的学业。

其实，福楼拜很轻松地通过了每一个学年。哪怕是第一年法律专业的考试，他也没有失败，只是校方无法接受他通过考试的事实罢了。因此，1843 年 8 月是他首次在考试中失利。这并不关乎荣誉体面的问题：他那么厌恶法律，不会因为没有努力学习而有丝毫的自责，也不会因为无法理解学科内容而对自己有任何非议。事实上，“必须留级，重读一年”成了一个沉重的念头，他会为之恼火，但他也曾预先告知过友人：“如果我很不幸，被校方拒绝，我以自己的荣誉发誓，我不会再去学第二次，我永远只出席自己能够参加的场合，直到他们允许我参与其他的学业活动。”他没有一走了之，让这个誓言落空：当他得知自己的申请被校方驳回，感觉自己受到了侮辱，便立刻离开了巴黎，前往特鲁维尔，与正在那里度假的家人团聚，在9月和10月中，他抛开了法律，重新拾起自己在2月就已动笔的小说。在这种自娱自乐的写作后，他返回巴黎，依然秉持一贯的无精打采，一贯的缺乏激情。然而，命运在眷顾这位青年作家，进而帮助他逃离了整个的法律生涯。

福楼拜的父亲年近60岁了，身体始终非常健硕。市立医院院长的身份为他招揽了鲁昂地区最富有的病人客户。1843年，他在多维尔买下了一块地，打算盖一栋别墅。1844年1月初，他派两个儿子去那里处理一些事务。在蓬－莱维克大道上，居斯塔夫手握缰绳，正驱车前行，一阵眩晕袭来，他突然间昏死了过去。阿希尔立刻催马把他带到最近的一所房子，对他进行初步治疗。他的病情十分危急，大家以为死神已将他带走。人们开始为他做放血治疗，虽然未能将他治愈，这种医疗手段却使他苏醒了过来。大家把他送回了鲁昂。父亲稳住了他的病情。年轻人随之开始了一种全新的生活，人们所熟识的那个永不知疲倦工作的人，那个游泳健将，尤其是那个充满活力的人，都已经不复存在了。人们为他定下了严格的饮食起居制度：“他们为我催泻，他们为我放血，他们把蚂蟥放在我身上，我禁食珍馐美味，我必须戒酒，我就是个死人。”还有比所有这些不幸更不幸的，人们没收了他的烟斗，禁烟使他黯然伤神，怨声载道：“你知道我忧伤到了何等地步吗？你意识到我活着吗？烟斗，是的！烟斗，是的！正如你读到的，‘要我戒烟’！我钟爱这一口烟，我只爱这一口烟，夏天就着格罗格冷酒，冬天就着咖啡！”

在这第一次病发之后，他还忍受着许多别的症状：“稍微有点儿刺激，我所有的神经颤抖得像是小提琴的琴弦，膝盖、肩膀、腹部如树叶一样打颤。”或者还有“它发作时我会察觉到，时不时地在我眼前闪过，像一蓬头发或是孟加拉焰火。”没人能准确地说出这到底是什么病。马克西姆 · 杜 · 康后来在谈论中认为是癫痫，但当时癫痫已是一种流行疾病，几乎是文学家的通病，其症状与福楼拜的病情并不相符。他认为，把自己击倒的是“一次脑充血，类似一次小中风发作，同时伴随着神经疼痛，自己还保留着这些疼痛感，因为这是种优雅的风度”。尽管这些属于幽默讽刺的言语，当代医生还是怀疑这种诊断的合理性。依据症状描述，大多数判断都建立在了心理学的基础上，他的病情像是引发了一种癔病（俗称“歇斯底里”），在受到过度刺激后而导致情绪失常。当时，未来妹夫埃米尔·阿马尔的母亲去世了，居斯塔夫刚刚度过了难以忍受的时刻。由于要应付法律学习，他的神经永远紧绷着。虽处在一个暂时平静的阶段，却关乎他是否能回到巴黎重新注册，外松内紧无疑加剧了病情。人们试图去推想，其中缘故不难猜测。针对儿子的身体状态，父亲做出了一些重要的决定。事实上，这些决定对居斯塔夫一生都是至关重要的。老福楼拜卖掉了多维尔的那块地和德维尔乡间的一所房子，在克罗瓦塞买下了一处别致的住宅，离鲁昂非常近。全家离开了市立医院那冷冰冰的公寓，搬进了乡间别墅，那里有巨大的花园，椴木成林的小径，住宅后方的塞纳河风景与入河口提供了一处理想的环境，特别适合康复期的居斯塔夫。尤其难能可贵的是，父亲建议小儿子放弃学业，放弃从事法律职业的念头。居斯塔夫毫不犹豫地听从了父亲的提议，甚至是兴高采烈地按照父亲的要求行事。他很快进入了一种新的生活节奏，这种长年居家的节奏伴随着他整个的人生旅途，一种献身于文学、历史、当然还有写作的节奏，自从他觉得身体状况改善了一些，就重新燃起了写作这股“陈旧的激情”，从 1844 年 5 月开始，他拾起了 1 年前就已动笔的小说，为它选了一个题目：“情感教育”。

《情感教育》是他青年时期的最后一部作品，或者更准确地说，第一部《情感教育》，因为 1863 年福楼拜出版了一本同名小说，那部长篇更为著名。在青春时期的最后一部作品中，福楼拜第一次写出了一篇“小说”，也就是说，在一部作品中，含有这种文学类型的所有特征，不再是一个故事或一个哲学寓言，不再是一篇历史或风俗方面的研究创作，也不再是一部改头换面的自传，都不是，而是一篇小说，里面有几个人物，一段情节，一个社会背景。就小说的这些要点，以及整体把握而言，这次挑战达到了目的。一方面，人们从作品中发现，他的描写风格深受巴尔扎克的影响；另一方面，措辞特点和情节处理接近另两位作者。今天人们已不太阅读他们的作品了，但当时却非常流行：一位是保罗·德·科克，以粗俗的轻喜剧成名，作品里充斥着殴斗、熙来攘往的人群、被打流血的鼻子；另一位是纪尧姆·皮戈-勒布伦，他那冒险家的生涯肯定十分吸引年轻的居斯塔夫，正如他在兴致品位的驱使下，常常表现出粗俗的一面。但这些影响都无关紧要，正是通过这篇小说(《情感教育》)的编纂，甚至是在编纂的进程中，福楼拜逐渐培养起属于他自己的风格，为他自己的文学理论勾勒出了初步的草图。他把这些手法加以理论化，却还不懂得把它们发挥到为己所用的地步。在福楼拜眼中，这篇小说仿佛是他真实性情的启示者，今天在我们看来也是如此。他真正地塑造了几个人物，这些人物都与他自己不同，但两个主要人物朱尔和亨利仿佛是他性格中的两个面，两者无休止地互相冲撞着，两者之间无法找到解决矛盾的方式。总之，这是福楼拜的两幅自画像。这两个年轻人自幼就是亲密无间的朋友，怀有同一种志向：成为作家。朱尔住在外省，与巴黎的尘嚣保持着距离，全身心地投入文学艺术中。亨利则摆脱了故乡的沉闷，来到首都学习法律，在那里过着一种更为冒险的生活。我们从中能够识别出青年福楼拜心中的两大欲念。巴黎学子（亨利）先是觉得郁郁寡欢，感到自己像是个巴黎的流放者，当他开始勾引女房东时，年轻人立刻重新燃起了生活的热情，女房东是个已婚女子，有孩子，比他大十来岁，他俩私奔到了美洲，随后又返回法国讨生活。从某种意义上，亨利是一个福楼拜本想要成为，甚至本可以成为的冒险家，是那个打算把护照赠给科西嘉强盗的福楼拜；是那个在马赛扮演激情恋人的福楼拜，是一个无法逃离世俗生活的男人，但相反，他又成了胜利者。然而，这个人物又不是一幅想入非非的简单自画像，他身上也夹杂交织着福楼拜朋友的特征。其中有童年玩伴埃内斯特·舍瓦利耶的特征。比如作家在文中预言，亨利将晋升成为行政官员，最终得到众议员的职务，实现了一个辉煌的职业生涯；另外还有写作期间的挚友马克西姆·德·康的特征，这个人物希望成为作家，想利用某种社交手段达到目的。相反，福楼拜自己逐渐成为了朱尔那样的人物，这男孩儿是一个创作者，逃避着喧嚣，远离世俗世界，只为更好地捕捉到艺术的本质。

这部小说的编纂时间从 1843 年开始，到 1845 年完成，包括了在蓬－莱韦克歇斯底里发作的阶段。这次病情发作影响了他的写作，改变了他的思维定向。如果说故事开始时福楼拜仿佛完全把自己归入了亨利这一人物，那么作者似乎逐渐在转向朱尔的偏好情趣，甘愿成为外省的隐士。福楼拜赐予了朱尔一种权力，在作品中阐述自己的文学理念。通过这个人物，作者向读者表达了自己对浪漫主义观念的漠不关心，而这种冷漠态度并不是为了宣扬另一种流派或风格：艺术家必须找到属于自己的形式。而真正萦绕于福楼拜心头的是他笔下世界的平衡与和谐，他希望能把它如实地描述出来，不会扭曲任何细节，既不躲避，也不粉饰丑陋的东西。丑陋本身在叙事整体中占有一席之地，参与到故事情节里，自然拥有属于它自身的美感，这类审丑的美学在当时的文艺概念中是非常新颖的。依据他的观念，作品的美学特质存乎于艺术家描写事件与情感的能力，这种描写必须保持客观性，犹如一位学者在实验室里的科学态度，一切的客观都为了释放出和谐，如同存在于大自然中的那种和谐。他总结道，艺术必须客观；进而预示道，作者必须消失，为让叙事仿佛在没有作者的情况下自由发展。这种文学野心依赖于知识，依仗着博学，正如他自幼为了课堂学习养成的收集资料的习惯，最终都化为了滋养作品的内在需求，这种需求是通过对世界做一种永久的、尽可能透彻的调查来实现的。他必须有能力让自己跳出来，不受激情的摆布，从而保持客观性。爱恋情感反倒成了一种创作的阻碍。就在作品的那几页、那几个观点中，包含了作家的公正立场、对事件的客观描写、筹备的文献资料，以及在现实世界提取出的创作素材，青涩的福楼拜年仅 23 岁，刚刚为自己整个文学生涯制定了纲领，为自己的艺术下了定义，15 年后，这些文艺观念使他成为了那部名著的作者，也就是被誉为现代小说的奠基之作——《包法利夫人》。“不，我并不鄙视荣耀…… 甚至比别人更在意声望，听到这个词，我的心就怦怦地跳。过去，我会花上很长时间去梦想那些绚烂的成功时刻，崇拜者嘈杂的叫喊声把我弄得浑身颤抖，仿佛我已经听到了那些喧嚣。但不知为什么，有一天，我猛然醒悟，摆脱了这种欲望，如果说名利之心曾充满了心灵，现已彻底清除干净了…… 当人们拥有某种才华，追逐成功也许只会让自己彻底迷失”，他在 1846 年 10 月 23 日写给路易丝 · 科莱的信中如此说道。

青年福楼拜为自己制订了异常严苛的写作计划，并严格地执行着。或者说，将要严格执行，因为在1845年和1846年中，他不是没有时间写作，而是毫无写作欲望。1845年年初，他妹妹卡罗琳接受了埃米尔·阿马尔的求婚。居斯塔夫并不赞成这段姻缘。他不愿与别人分享自己亲爱的妹妹，而且他还预感到，她所嫁的这个年轻人身上有着某种哀伤；有着一种不稳定的东西，之后，这些潜在的症状将表现为一种精神疾病。他试图劝阻妹妹，可是没有奏效。两个年轻人在3月初举办了婚礼。令人吃惊的是，去意大利的蜜月旅行中，居斯塔夫和父母一同陪伴着这对新人。在热那亚的巴尔比皇宫内，他们对着布勒开尔的一幅画作赞叹不已，这幅作品名为《圣 · 安东的诱惑》。油画主题让居斯塔夫回想起自己1839年所写的一个哲理短篇小说《斯玛尔》，故事中一个男人被撒旦用多种方式诱惑；同时，他还想起了小时候在鲁昂圣-罗曼集市看过的一场木偶戏。这幅油画立即令他异常着迷，永远无法忘记。他很快就写信给阿弗雷德·勒·普瓦特万，表示自己打算根据这主题写一出戏。而他日后出版的并不是一部戏剧剧本，而是一本小说，30年后，这部小说在易其稿之后，终于在1874年问世了。

福楼拜-阿马尔的旅居进行得很糟糕：福楼拜医生年老体衰，被眼疾折磨着，卡罗琳的身体一直很疲惫，有着这样或那样的病症。在旅途中，她怀了孕，1846年1月末，孩子出生了。悲剧的开端逐渐显露出来。11月中，福楼拜医生的大腿上发现了一个肿瘤。他要求阿希尔为他动手术，作为市立医院的院长，这位长子被认为是他的继承者。非常遗憾，手术失败了。

福楼拜的父亲于 1846 年 1 月 15 日病故。居斯塔夫没有时间置办丧事，他的妹妹在 1 月 23 日生下了一个女儿，取名叫卡罗琳，与她母亲一样。分娩的过程很艰难，他妹妹当时只有 21 岁，但健康的状态非常令人担忧。2 个月后，她追随着父亲离开了这个世界。这些悲剧仿佛更坚定了福楼拜的文学使命。1846 年 4 月 7 日，他向马克西姆 · 杜 · 康开诚布公。“最近的那些不幸让我非常悲伤，但并不会让我吃惊。在感受的层面，它们没有夺去什么。我是以艺术家的心境来分析这一切的。”他归隐在克鲁瓦塞，守着母亲和外甥女度日，小卡罗琳的父亲无法照料自己的女儿。大约 3 个月后，也就是 8 月 27 日，他写信给路易丝 · 科莱：“现在活着的那个人，也就是我，只是叫另一个凝视着，它就是死亡。”他又补充道：“我已经拥有了两种截然不同的生活方式；一些外部事件象征着第一种生活方式的结束，也是第二种（生活）诞生的征兆……就在 22 岁那年，我那充满活力的、充满激情的、令人感动的，那充满叛逆和多愁善感的人生,都已经结束了。那时节,我刹那间取得了飞速的进步;别样的事情已经显现出来。”当然,他在回忆 1844 年的那次歇斯底里发作,但人们可能猜疑,几乎同时的丧父丧妹之痛也可能激发出这些词句。从某种意义上说,在他体内有两个人共同生活着,其中一个取得了胜利。一个战胜了另一个,或者更像是一个被另一个征服了——一个是成熟的作家,富于思考,有条不紊,坚守着现实主义立场;另一个是涉世不深的“男孩儿”,时时处于激愤、浪漫和抒情的状态,前者在引导后者。妹妹去世两周后,他写信给马克西姆·杜·康:“我将投入工作,终于!终于!我渴望着,我希望毫无节制地、长时间地钻研在其中。这是否就算看清了虚空的本质,我们自己、我们的计划、我们的幸运、善良和美貌,所有一切是否都是虚无?”事实上,他很快就适应了工作节奏,并且终生坚持不懈:每天进行 8~10 小时的写作,或者收集相关的主题资料。距离他第一次宣布自己的“写作信仰”已经15年了，此时，真正的作者诞生了。当时的他必须再等待十多年，经历一次布列塔尼的徒步旅行，还有一次东方的长途航海历险，才能完成他第一部长篇小说的写作，也就是他出版的第一本杰作——《包法利夫人》。

人们通常认为，福楼拜在23岁时经受了歇斯底里发作，正因为这一病症，他只能待在家里，终止自己的法律学业，神经疾病成全了他文学天赋的施展。但这观念并不准确，疾病迫使父亲接受，甚至是鼓励儿子的决定，居斯塔夫对自己的文学生涯早就下定了决心。人们还认为，因为阿希尔作为长子继承了父亲的事业、客户、甚至经验，福楼拜医生始终把他视为自己唯一的接班人。这仍然不准确。老福楼拜给予了居斯塔夫必要的条件，让他去追寻自己的志向，从内心深处，这位父亲意识到自己有种挣脱命运束缚的欲望，人们能从他的生命中窥见一些端倪，正如

30 年前，他自己放弃兽医的职业，希望改换门庭一样。还有一种误解，认为他父亲经常在儿子为他朗读自己文章时沉沉睡去，认为居斯塔夫对于他无足轻重。“我只有过一个朋友，仅有的一个，就是我的父亲”，他接近 18 岁时如此写道，也就是父亲去世前几年。当人们知道他赋予友情的价值时，就会明白这样的赞美之词有多重的分量。

对于居斯塔夫自己而言，在蓬 - 莱韦克的歇斯底里发作只是一个借口，而不是一个理由；他必须把自己的生命奉献给文学，这毫无疑问，虽然有时有些犹豫，但始终深深地扎根在他心里。回顾人们视野里的福楼拜：他把物质生活与自己想入非非的梦幻景象对立起来，因此永远感到失望，他开始动笔，在第一部《情感教育》里所写的情节；他与马克西姆 · 杜 · 康的书信内容；与厄拉利 · 富科充满激情的相遇；随后又几乎不近女色……所有一切都已表明，他已然下定决心投身文学事业，只是在等待着一个有利的时机。他父亲在生前为他提供了一切的可能性，使他能够随心所欲地过上自己梦想的生活。在查阅了青年人的书信集后，人们不难发现，在病情发作后不到 9 个月，他就恢复健康了，依照他的词汇——“比健康还健康”。他坚持每天游泳、重新开始抽烟、由着性子喝酒，当然，少了狂热的激情，但始终会有些愉悦。如果他想倚仗家世找份闲职，早就可以如愿了。蓬 - 莱韦克的病情发作没有给予他太多健康的危机，倒更像是上天的赏赐。随后，父亲的故去让他从凡俗的义务中解脱出来。没有人会催促他去挣钱养家，他母亲非常乐意自己的儿子待在身边，可以天天守护着他。反叛的年轻人始终敌视布尔乔亚阶层，终生在嘲讽那些有钱人，但他又像一个食利者，享用着这一阶层赋予的恩惠。平日里，他妥善地打理着这份丰厚的家业，合理地分配生活开销，让自己有足够的条件可以从日常的束缚中脱身出来，从而全身心地投入到自己的艺术之中。

后　记

1846年，作家居斯塔夫·福楼拜宣布，自己进入了工作状态。但首先，做些什么工作？他曾经研究过或渴望研究的所有主题——通奸的妇女，正如《可闻的香水》的主角儿、与一位理想化的女人相遇；正如《狂人之忆》中所呈现的情节、东方世界和古代世界；正如他在去科西嘉的旅途中所梦想的——是一幅布勒开尔的油画《圣·安东的诱惑》，那幅画曾令他心驰神往，去意大利参加妹妹的蜜月旅行中，他饶有兴趣地对着画作欣赏了好几个小时。从1846—1847年，他忠实地执行着自己那套工作方法，只是单纯地收集资料，而不加以著述，同时还阅读了大量的基督教文学经典，以及古代文学名著，比如圣·奥古斯丁的著作，以及稍晚一些的作品，如阿维拉的圣·泰蕾兹或是埃马纽埃尔·斯维登伯格的作品。随后，从1847—1848年，他继续大量地收集资料，这次他读起了关于宗教的评论研究，如大卫·斯特劳斯的《耶稣的生命》或克洛泽的《古代的宗教》。从1848年5月—1849年9月，他致力于长篇小说的写作，在18个月中，他几乎没有关注“1848年革命”，而这次革命却被他用作《情感教育》的故事背景。那篇小说完成了，福楼拜叫来了两位亲密的伙伴：马克西姆·杜·康和路易·布耶，在32个小时内，他为两人朗读了这部作品。如果人们信赖杜·康的回忆，布耶曾对居斯塔夫说：“必须把作品烧掉，永远别再谈论这篇劣作了。”随后，两位挚友建议他选择一个更加朴实无华的主题，这样能使他不至于沉溺在自己天生的抒情之中。这个故事为何不是关于自杀呢？为何不是关于德拉马尔的妻子因为被情人抛弃而自寻短见呢？不久后，他们就给了他如此的建议。这些将催生《包法利夫人》的诞生。

首先，福楼拜必须花些时间来接受这次创作上的失败。1849 年 10 月末，他与马克西姆 · 杜 · 康一起踏上了游轮前往东方。从他幼年之时，就梦想着这次东方之旅。整个游历的过程非常完整：埃及、巴勒斯坦、叙利亚、波斯；直到 1851 年 5 月，他才回到克鲁瓦塞。重返故里后，马克西姆问他："是否会写德拉马尔的故事？"福楼拜强迫自己进行这次写作计划。他花了 4 年半时间完成了这项任务——《包法利夫人》，并对自己的写作十分满意，然而，由于有伤风化，这本书首先为他招来了一场诉讼，之后他又被宣布无罪。紧接着，一种由骇人听闻而引起的成功叫他既愤怒又沮丧。这一主题牵涉到布尔乔亚的荒唐举动，他渴望与这类题材撇清关系，开始重新写作《圣 · 安东的诱惑》，随后，又全身心地写作《萨朗波》，把自己融入到东方的壮丽景象之中。这一次，他用了 5 年时间起草这部小说，还去迦太基旅行了一次。1862 年 11 月，小说正式出版，迎来了一次实至名归的成功。附庸风雅的人士被一种来自东方的风尚彻底征服了。福楼拜终于在文坛崭露了头角。

然而，他又开始彷徨不前了。正如 20 岁那年一样，他的写作欲望依然纯洁真挚，从未被尘世所沾染，他渴望尝试所有的主题，但目前他克制着自己的写作冲动，因为他必需极为细心地选择一个题材，一个在未来 5 年中牢牢占据他心灵的主题。他寻思着“两位深居简出者”的故事，故事叙述这两个小布尔乔亚的相遇，以及他们的日常生活，此类情节可以确保他尽情地描绘人间的蠢事。最终，他选定一个他这代人的道德故事，一个发生在巴黎的故事。背景中，1848 年革命才刚刚燃起硝烟。事实上，小说并非在描摹他人，更像是在讲述他自己的故事，与埃莉萨·施莱辛格的那种“柏拉图式”的关系被改头换面融入了叙事当中。他给小说取名为《情感教育》，他如此喜爱这个标题，毫不犹豫地盗用了自己旧作的标题，盗用了青年福楼拜20岁时的文学烙印。1869年，他完成了这部小说，他被这种疑问萦绕了一生：“相信什么？”他又做起了笔头记录，让自己能起草第一版的《圣·安东的诱惑》，他很清楚，从20年前的那篇旧文中，已经汲取不了什么了。他重新开始收集材料，随后投入了写作。1872年，他自认为完成了这部长篇小说。就在小说出版前夕，他又拾起了另一个重大的写作项目，那便是人类的愚蠢，尤其是布尔乔亚式的愚蠢，于是他一头扎进了《布瓦尔和佩库歇》的写作中。他生命中的最后8年被这部长篇的创作占据着；当然，为了缓解巨大的经济压力，其中两年还奉献给了3个短篇小说的写作，其中包括名篇——《淳朴的心》。如今，福楼拜已经年过五旬了，他身为小说作者，极尽优雅之风，如果说这些作品所牵涉的主题叫那个时代的人们感到震撼，那是因为这些书的创作态度极为严肃。也许，他认为，自己可以不再需要担心，青年时的插科打诨和狂躁激情是否会被安放在下一部作品中，很久以来，他在私人通信中保持着这种自我抒发的特质。而在这本书中，表现得最为强烈鲜明的特征就是原先水火不容的两个福楼拜的和解：一方面，人们从中可以发现年轻冒险家的风致、狂热、愤怒和讽刺；另一方面，那个为了体察人类而远离人群的隐士又出现了，人们又能观察到他严厉的态度、深邃的洞察、唯美的趣味和孤独隐世来更好地理解人类的悲情主义。1880 年 5 月 8 日，在完成小说的第二部分之前，福楼拜离开了人世。人们打算埋葬他时，他的棺椁显得过于宽大，很难挤进家庭式的地下墓穴，他大头冲下，被卡在了中间，人们手忙脚乱，既不能将他顺下去，又无法把他再提上来。漂亮的年轻人变成了一个肥胖的老人，但人们始终记着后者，这位坚持着年少时不羁与激情的文学巨匠。

年　表

1783 年

福楼拜的父亲阿希尔－克莱奥法斯·福楼拜出生。

1793 年

福楼拜的母亲安娜－朱斯蒂娜·弗勒里奥出生。

1812 年

福楼拜父母结婚。

1813 年

父母的长子阿希尔·福楼拜出生。

1815 年

卡罗琳·福楼拜出生，18 个月时夭折。

1818 年

埃米尔－克莱奥法斯·福楼拜出生，8 个月时夭折。

1819 年

朱尔·福楼拜出生，3 岁时夭折，居斯塔夫仅 6 个月。

1821 年

12 月 12 日，居斯塔夫·福楼拜出生在鲁昂。

1824 年

卡罗琳·福楼拜出生。

1830 年

12 月，居斯塔夫差不多 9 岁，他寄了一封信给埃内斯特·舍瓦利耶，打算与他合作，共同编写故事。

1831 年

居斯塔夫交给母亲一份关于路易十三的文稿。

1832 年

进入鲁昂皇家中学，开始初中学业。

1835 年

可能与青年的英国女孩儿卡罗琳·厄朗，这姑娘给了他一部分创作《狂人之忆》的灵感。

1836 年

路易·布耶进入鲁昂中学；他成为福楼拜的挚友之一。

居斯塔夫当时 14 岁，在特鲁维尔认识了埃莉萨 · 施莱辛格。
在此期间，他写出了大量的习作，其中，尤为显著的篇章有：《可闻的香水》《佛罗伦萨的鼠疫》《书瘾》，或者还有《狂怒与无力》。

1837 年

写作《地狱之梦》《一堂自然历史课，受损的类型》《激情与道德》，还有《狂人之忆》的开头部分。
在鲁昂文学杂志《蜂鸟》上，相继出版了《书瘾》《一堂自然历史课，受损的类型》。

1838 年

写作《临终》《死亡之舞》《醉与死》。他完成了《狂人之忆》，把手稿寄给阿尔弗莱德 · 勒 · 普瓦特万。
开始起草《斯玛尔》的开头部分，普遍认为，这篇小说是《圣 · 安东的诱惑》的第一个版本。

1839 年

完成了《斯玛尔》，开始起草《马杜翰博士的葬礼》。
12 月，由于不遵守校规，被中学劝退。

1840 年

2 月，他在私密笔记本里起草一篇作品的开头部分，为这篇文字花费了至少 1 年时间。

8 月，他以自由考生的身份参加中学毕业考试，并成功地获得毕业证书。
8—10 月，法国南部旅行，特别游览了比利牛斯山地区和科西嘉岛，在此期间，与厄拉利 · 富科有过一段激情时刻。将在《十一月》中阐述。

1841 年

在巴黎的法律学院注册，但他决定往返于鲁昂和巴黎之间，而不是长期定居巴黎。

1842 年

写信给中学时期的文学教师古尔戈 - 迪加宗，在信中，他讨论着自己的文学使命，如同“一个生与死的问题”。
他开始频繁地出入雕塑家普拉迪耶的工作室。1843 年 1 月，他在那里见到了维克多 · 雨果。
8 月，由于缺席了太多的专业课，校方不允许他参加法律考试。他立即离开了巴黎，赶去与正在度假的家人团聚：在蓬 - 莱维克与特鲁维尔之间的大路上，他在深夜步行赶路，经历了一段神秘的时刻，这种启示的感觉给他留下了深刻的印象。
10 月末，他完成了《十一月》的起草工作。
12 月末，他通过了第一年的法律考试。

1843 年

2 月，开始起草第一部《情感教育》。

3 月，他与马克西姆 · 杜 · 康相遇，两人之间产生了一种激情澎湃的友谊。

8 月，他没能通过第二年的法律考试。

1844 年

1 月，他的身体经历了一场“残酷的浩劫”，死神险些将他带走。父亲答应让他放弃法律学业。余生中，他还忍受着其他一些病痛的发作，整个人生被或长或短的缓和时期分隔得很不连贯。

6 月，福楼拜医生携全家定居克鲁瓦塞，距离鲁昂几公里远。

1845 年

1 月初，第一部《情感教育》完稿。

3 月，卡罗琳与埃米尔 · 阿玛尔完婚；婚后举家前往意大利旅行，在热那亚时，他发现了一幅布勒开尔的油画，并被这幅名为《圣 · 安东的诱惑》的画作深深吸引。

年末，他父亲的健康状态开始恶化。老福楼拜发现自己的大腿上长了一个肿瘤，他让长子给自己动手术，因为阿希尔与他一样，也是一名医师。

1846年

1月15日，手术失败，他父亲去世。

1月21日，他的外甥女卡罗琳出生，他妹妹的女儿沿用了自己母亲的名字；分娩的过程很艰难。

3月23日，他妹妹卡罗琳去世。

6月末，遇见路易丝·科莱，并与他保持了10年情人关系，尽管中间经历过很长时间的分离。

7月6日，他青年时期最亲密的朋友阿尔弗雷德·勒·普瓦特万与路易丝·德·莫泊桑结婚。

夏季，着手研究撰写《圣·安东的诱惑》。

1847年

他与马克西姆·杜·康一起徒步穿越布列塔尼；撰写了《走遍田野与沙岸》，作品详述了这次旅行。

1848年

2月，他匆匆忙忙赶往巴黎，为了参与一系列的革命运动。

4月，阿尔弗雷德·勒·普瓦特万去世。

5月24日，开始起草第一版《圣·安东的诱惑》。

1849年

9月12日，第一版《圣·安东的诱惑》起草完毕。在阅读完福楼拜的手稿后，路易·布耶表明自己的态度："必须把这作品烧了，永远别再谈论这篇劣作了。"

1849—1851 年

为了陪伴马克西姆·杜·康，他完成了一次东方之旅。两个朋友一起走访了埃及、巴勒斯坦、黎巴嫩、叙利亚，最后途径希腊和意大利后，返回巴黎。福楼拜似乎已经从歇斯底里的病症中恢复过来了。

1851 年

他开始投入《包法利夫人》的创作中。

1856 年

《包法利夫人》以连载小说的形式在《巴黎杂志》中刊登。

1857 年

1 月，由于《包法利夫人》的内容涉及“侮辱公共道德和宗教”，福楼拜被人诉上法庭。

4 月，米歇尔·莱维书局以分卷形式出版了《包法利夫人》。

9 月 1 日，开始起草《萨朗波》。

1858 年

4—6 月，为了收集素材，他走访了阿尔及利亚和突尼斯。

1862 年

11 月 24 日，米歇尔·莱维书局出版了《萨朗波》。

1862–1863年

与路易·布耶、夏尔·德·奥斯穆瓦联合创作了一部戏剧——《心之城堡》。

1864年

9月1日，开始写作《情感教育》。

1869年

路易·布耶去世。福楼拜为他的作品——《最后的歌谣》撰写前言，文中作家回忆了他们在中学时的情景。

1869年

11月17日，米歇尔·莱维书局出版了《情感教育》。作品在商业上遭到失败。3年过后，发行量不足3000本。

1870年

冬季，普鲁士军队占领了克鲁瓦塞。

1872年

4月6日，福楼拜的母亲去世。

开始起草《布瓦尔和佩库歇》，继续编写《庸见词典》，从青年时期，他就梦想着编纂这样一本词典，打算把它放在小说的序言部分。

1873 年

起草一部戏剧，名叫《候选人》，这部作品很少被搬上舞台。

1874 年

4 月 1 日，夏庞蒂耶书局出版了《圣 · 安东的诱惑》。

1875 年

外甥女的丈夫埃内斯特 · 科芒维尔破产。为了避免青年夫妇陷入绝境，福楼拜变卖了大多数的家产，经济状态异常拮据。

中断了《布瓦尔和佩库歇》的写作，开始转向《三故事》的创作。

1877 年

4 月 24 日，夏庞蒂耶书局出版了《三故事》《淳朴的心》《圣 · 朱利安传奇》和《埃罗蒂雅斯》。

回归《布瓦尔和佩库歇》的创作。

1879 年

福楼拜几乎破产，决定接受国家的经济补助。

1880 年

5 月 8 日，居斯塔夫 · 福楼拜于克鲁瓦塞去世，为人们留下了一部未完成的手稿——《布瓦尔和佩库歇》。

参考文献

居斯塔夫・福楼拜的作品

文 章

Bibliomanie, préfacé par Henri Meschonnic et avec un avant-propos d'Olivier-René Veillon, Jean-Cyrille Godefroy, coll. « Traversée du XIXe siècle », 1982 (recueil de nouvelles écrites entre 1836 et 1839).

Souvenirs, notes et pensées intimes, texte établi, annoté et préfacé par Jean-Pierre Germain, Librairie A.-G. Nizet, 1987 (cahier intime de jeunesse, daté de 1839-1840).

Mémoires d'un fou, suivi de Novembre, Pyrénées-Corse et *Voyage en Italie*, texte établi, annoté et préfacé par Claudine Gothot-Mersch, Gallimard, coll. « Folio Classique », 2001 (textes rédigés entre 1838 et 1845).

La Première Éducation sentimentale, texte établi, annoté et préfacé par Martine Bercot, Le Livre de Poche, 1993 (roman datant de 1845).

Madame Bovary, édition présentée par Claudine Gothot-Mersch, Bordas, coll. « Classique Garnier », 1971.

Salammbô, Chronologie, présentation, notes, dossier, bibliographie de Gisèle Séginger, Flammarion, coll. « GF », 2001.

L'Éducation sentimentale, édition présentée par Pierre-Marc de Biasi, Librairie générale française, 2002.

La Tentation de saint Antoine, édition présentée par Claudine Gothot-Mersch, Gallimard, coll. « Folio », 1983.

Trois Contes, édition présentée par Pierre-Marc de Biasi, Seuil, coll. « Classiques de Poche », 1999.

Bouvard et Pécuchet, introduction et notes par Pierre-Marc de Biasi, Librairie Générale de France, 1999.

Le Dictionnaire des idées reçues et *Le Catalogue des idées chic*, texte établi, présenté et annoté par Anne Herschberg Pierrot, Librairie générale française, 1997.

Par les champs et par les grèves, préface et commentaires par Pierre-Louis Rey, Pocket, 2002.

La préface aux *Dernières chansons* de Louis Bouilhet ainsi que la majeure partie des écrits de jeunesse de Gustave Flaubert sont consultables sur le site Internet que Jean-Benoît Guinot lui consacre (http://pages-perso-orange.fr/jb.guinot/).

书 信

Intégrale de la correspondance de Gustave Flaubert, précédé de *Souvenirs intimes*, de Caroline Commanville, édition Conard en 9 volumes, parue entre 1926 et 1930, soit 1992 lettres, écrites de 1830 à 1880.

Correspondance I-IV (1830-1875), édition présentée, établie et annotée par Jean Bruneau, Gallimard, « Bibliothèque de la Pléiade », 1973-1998 et *Correspondance V 1876-1880*, édition présentée, établie et annotée par Jean Bruneau et Yvan Leclerc, avec la collaboration de Jean-François Delesalle, Jean-Benoît Guinot et Joëlle Robert, Gallimard, « Bibliothèque de la Pléiade », 2007.

Gustave Flaubert – Alfred Le Poittevin, Gustave Flaubert – Maxime Du Camp : Correspondances, texte établi, préfacé et annoté par Yvan Leclerc, Flammarion, 2000.

La correspondance de Gustave Flaubert est aussi consultable sur le site Internet de l'université de Rouen (http://flaubert.univ-rouen.fr/index.php). Éd. Danielle Girard et Yvan Leclerc, Rouen, 2003.

关于居斯塔夫·福楼拜

Maurice Bardèche, *L'Œuvre de Flaubert*, Les Sept Couleurs,

1974.

Julian Barnes, *Le Perroquet de Flaubert*, traduit par Jean Guiloineau, Stock, 1986.

Pierre-Marc de Biasi, *Flaubert, l'homme-plume*, Découvertes Gallimard, 2002.

Pierre-Marc de Biasi, *Flaubert, une manière spéciale de vivre*, Grasset, 2009.

Victor Brombert, *Flaubert par lui-même*, Seuil, coll. « Écrivains de toujours », 1971.

Jean Bruneau, *Les Débuts littéraires de Gustave Flaubert (1831-1845),* Armand Colin, 1962.

Maxime Du Camp, *Souvenirs littéraires,* préface de Michel Chaillou, Balland, 1986.

René Dumesnil, *Flaubert et L'Éducation sentimentale*, Société des belles lettres, coll. « Textes français », 1943.

Jules et Edmond de Goncourt, *Journal, Mémoires de la vie littéraire 1851-1886*, éd. de Robert Ricatte, préface de Robert Kopp, Robert Laffont, coll « Bouquins »,1989, 3 vol.

Claudine Gothot-Mersch, *La Genèse de Madame Bovary*, Slatkine Reprints, 1980.

Henry James, *Gustave Flaubert*, L'Herne, coll. « Confidences », 1998 (texte de 1902).

Yvan Leclerc, *Gustave Flaubert, L'Éducation sentimentale*, Presses Universitaires de France, 1997.

Herbert Lottman, *Gustave Flaubert*, Fayard, 1989.

Maurice Nadeau, *Gustave Flaubert, écrivain*, Les Lettres nouvelles/Maurice Nadeau, édition augmentée de 1980.

Pierre-Louis Rey, *Gustave Flaubert : analyse de l'œuvre*, Pocket, coll. « Les guides Pocket classiques », 2004.

Jean-Paul Sartre, *L'Idiot de la famille*, Gallimard, coll. « Bibliothèque de philosophie », nouvelle édition revue et complétée, 1988, 3 vol.

Enid Starkie, *Flaubert, jeunesse et maturité*, Mercure de France, 1970.

Albert Thibaudet, *Gustave Flaubert*, Gallimard, coll. « Tel », 1982.

Henri Troyat, *Flaubert,* Flammarion, coll. « Grandes Biographies », 1988.

“他们的 20 岁”书系

由本社编者特邀上海万墨轩图书有限公司

闫青华联合策划